AF874849

Verzeichniß der Guttentag'schen Sammlung Deutscher Reichsgesetze und Preußischer Gesetze.

Text-Ausgaben mit Anmerkungen.

Taschenformat.

Deutsche Reichsgesetze grün,
Preußische Gesetze grau cartonnirt.

1897
Berlin SW.48.
Wilhelmstraße 119/120.
J. Guttentag, Verlagsbuchhandlung.

Deutsche Reichsgesetze.

Text-Ausgaben mit Anmerkungen. Taschenformat, cartonnirt.

1. **Verfassung des Deutschen Reichs.** Von Dr. L. von Rönne. Siebente Auflage. 1 Mark 40 Pf.

2. **Strafgesetzbuch für das Deutsche Reich.** Nebst den gebräuchlichsten Reichs-Strafgesetzen. Von Dr. Rüdorff. Achtzehnte Auflage von Dr. Appelius, Staatsanwalt. 1 M.

3. **Militär-Strafgesetzbuch für das Deutsche Reich.** Von Solms, Ober-Auditeur. Dritte Auflage. 2 M. 60 Pf.

4. **Allg. Deutsches Handelsgesetzbuch** unter Ausschluß des Seerechts. Mit Anhang enth. Börsengesetz, Depotgesetz u. s. w. Von Litthauer, Justizrath. Neunte Auflage. 2 Mark.

4a. **Handelsgesetzbuch vom 10. Mai 1897** unter Ausschluß des Seerechts. Mit den ergänzenden Vorschriften des Bürgerlichen Gesetzbuchs und Erläuterungen herausgegeben von Litthauer, Justizrath. 2 M. 25 Pf.

5. **Allg. Deutsche Wechselordnung.** Siebente Auflage von Ball, Rechtsanwalt, und Reichsgesetz über die **Wechselstempelsteuer** nebst allen Ausführungsbestimmungen von Reg. = Assessor Loeck. Sechste Auflage. 2 M.

6. **Reichs-Gewerbeordnung** nebst allen Ausführungsanweisungen. Von Berger. Fortgeführt von Dr. Wilhelmi, Geh. Ober-Regierungsrath. Vierzehnte Auflage. 2 M.

7. Die deutsche **Post- und Telegraphen-Gesetzgebung.** Von Dr. P. D. Fischer, Unterstaatssekretär im Reichspostamt. Vierte Auflage. 2 M. 60 Pf.

Zu beziehen durch jede Buchhandlung.

J. Guttentag, Berlin SW.48, Wilhelmstraße 120.

Guttentag'sche Sammlung Deutscher Reichsgesetze.

Text-Ausgaben mit Anmerkungen.

8. Die Reichsgesetze über **Unterstützungswohnsitz**, die **Freizügigkeit**, den **Erwerb** und **Verlust** der **Bundes- und Staatsangehörigkeit**, nebst den landesgesetzlichen Bestimmungen. Von Geheimrath Dr. J. **Krech**. 4. Auflage. 2 Mark 25 Pf.

9a. **Sammlung kleinerer privatrechtlicher Reichsgesetze.** Von **Vierhaus**, Geh. Ober-Justizrath. Zweite Auflage in Vorbereitung.

9b. **Sammlung kleinerer strafrechtlicher Reichsgesetze.** Von **M. Werner**, Geh. Regierungsrath. Zweite Auflage im Druck.

10. **Das Reichsbeamtengesetz** und seine Ergänzungen. Von Geh. Ober-Regierungsrath **Pieper**. 3 Mark 30 Pf.

11. **Civilprozeßordnung mit Gerichtsverfassungsgesetz**, Einführungsgesetzen, Nebengesetzen und Ergänzungen. Von **R. Sydow**. Siebente Auflage. 2 Mark 50 Pf.

12. **Strafprozeßordnung nebst Gerichtsverfassungsgesetz.** Von **A. Hellweg**, Reichsgerichtsrath. Neunte Auflage. 1 Mark 80 Pf.

13. **Konkursordnung** mit Einführungsgesetz, Nebengesetzen und Ergänzungen. Von **R. Sydow**. Siebente Auflage. 1 Mark.

14. **Gerichtsverfassungsgesetz** mit Einführungsgesetz und Nebengesetzen. Von **R. Sydow**. Siebente Auflage. 80 Pf.

15. **Gerichtskostengesetz und Gebührenordnung für Gerichtsvollzieher, für Zeugen und Sachverständige.** Mit Kostentabellen. Von **R. Sydow**. Fünfte Auflage. 80 Pf.

16. **Rechtsanwaltsordnung für das Deutsche Reich.** Von **R. Sydow**. Dritte Auflage. 60 Pf.

Zu beziehen durch jede Buchhandlung.

J. Guttentag, Berlin SW.48, Wilhelmstraße 120.

Guttentag'sche Sammlung Deutscher Reichsgesetze.
Text-Ausgaben mit Anmerkungen.

17. **Gebührenordnung für Rechtsanwälte.** Von R. Sydow. Fünfte Auflage. 60 Pf.

18. Reichsgesetz über die **Reichsstempelabgaben (Börsensteuergesetz)** mit allen Ausführungsvorschriften. Von Reg.-Assessor Loeck. Siebente Auflage. 3 Mark 80 Pf.

19. Die **Seegesetzgebung.** Von Dr. Knitschky, Landgerichtsrath. Zweite Auflage. 3 Mark 80 Pf.

20. **Krankenversicherungsgesetz.** Von Dr. E. von Woedtke, Director im Reichsamt des Innern. Sechste Auflage. 2 Mark.

21. Die **Konsulargesetzgebung** des Deutschen Reiches. Von Professor Dr. Ph. Zorn. 4 Mark.

22a. **Patentgesetz. Gesetz, betreffend den Schutz von Gebrauchsmustern. Gesetz, betreffend das Urheberrecht an Mustern und Modellen.** Von Dr. jur. R. Stephan, Kaiserl. Regierungsrath und Mitglied des Patentamts. Vierte vermehrte Auflage. 1 Mark 60 Pf.

22b. **Gesetz zum Schutz der Waarenbezeichnungen.** Von Dr. Stephan, Kaiserl. Regierungsrath. Dritte Auflage. 90 Pf.

23. **Unfallversicherungsgesetz** und Gesetz vom 28. Mai 1885. Von Director Dr. E. v. Woedtke. Vierte Auflage. 2 Mark.

24. Reichsgesetz, betr. die **Kommanditgesellschaften auf Aktien u. die Aktiengesellschaften.** Von Keyssner, Kammerger.-Rath u. Dr. Simon, Rechtsanwalt. Vierte Auflage. 1 M.

25. Das Deutsche Reichsgesetz wegen **Erhebung der Brausteuer.** Von E. Bertho, Reg.-Rath. 1 M. 60 Pf.

Zu beziehen durch jede Buchhandlung.
J. Guttentag, Berlin SW.[48], Wilhelmstraße 120.

Guttentag'sche Sammlung Deutscher Reichsgesetze.

Text-Ausgaben mit Anmerkungen.

26. Die Reichsgesetzgebung über **Münz- und Notenbankwesen,** Papiergeld, Prämienpapiere u. Reichsanleihen. Von **Dr. Koch,** Reichsbank-Präsident. Dritte Auflage. 2 Mark 80 Pf.

27. Die Gesetzgebung, betr. das **Gesundheitswesen** im Deutschen Reich. Von Dr. jur. **C. Goesch** u. Kreisphysikus Dr. med. **J. Karsten.** 1 Mark 60 Pf.

28. Reichsgesetz, betr. die **Unfallversicherung der bei Bauten beschäftigten Personen.** Von **Mugdan,** Stadtrath. 1 M. 25 Pf.

29. Reichsgesetz, betr. die **Erwerbs- und Wirthschaftsgenossenschaften.** Von **L. Parisius.** Siebente Auflage. 1 M. 25 Pf.

30. Reichsgesetz, betr. die **Invaliditäts- und Altersversicherung.** Von Director Dr. **E. von Woedtke.** Fünfte Auflage. 2 Mark.

31. Reichsgesetz, betr. die **Gewerbegerichte.** Von **L. Mugdan,** Stadtrath. Dritte Auflage. 1 Mark 50 Pf.

32. Reichsgesetz, betr. die **Gesellschaften mit beschränkter Haftung.** Von **Ludolf Parisius.** Dritte Auflage. 1 M.

33. Das **Vereins- und Versammlungsrecht** in Deutschland. Von Dr. **E. Ball,** Rechtsanwalt. 2 Mark 25 Pf.

34. Reichsgesetz, betr. die **Abzahlungsgeschäfte.** Von **J. Hoffmann,** Kais. Geh. Regierungsrath. 95 Pf.

35. Die **Reichs-Eisenbahngesetzgebung.** Von **W. Coermann,** Kais. Amtsrichter. 2 Mark 25 Pf.

36. Gesetze, betr. die **privatrechtlichen Verhältnisse der Binnenschiffahrt und der Flößerei.** Von **H. Makower.** 2 Mark.

Zu beziehen durch jede Buchhandlung.

J. Guttentag, Berlin SW.48, Wilhelmstraße 120.

Guttentag'sche Sammlung Deutscher Reichsgesetze.
Text-Ausgaben mit Anmerkungen.

37. Gesetz zur **Bekämpfung des unlauteren Wettbewerbes.** Von Dr. **R. Stephan,** Kais. Regierungsrath. 80 Pf.

38/39. **Bürgerliches Gesetzbuch nebst Einführungsgesetz.** In Verbindung mit Prof. **Dr. André,** Amtsrichter **Greiff,** Gerichtsassessor **Ritgen,** Staatsanwalt **Dr. Unzner** herausgegeben von Reichsgerichtsrath **Dr. Achilles.** 8°. Gebunden 5 M. 50 Pf.

Dieser Band ist in grösserem Format erschienen!

40. Gesetz, betr. die **Pflichten der Kaufleute bei Aufbewahrung fremder Werthpapiere (Depotgesetz).** Von **F. Lusensky,** Geh. Regierungsrath. 90 Pf.

41. **Börsengesetz** nebst allen **Ausführungs-Anweisungen.** Unter Mitwirkung des Kaiserl. Geh. Ober-Regierungsraths **Wermuth** bearbeitet von **Brendel,** kommiss. Hülfsarbeiter im Reichsamt des Innern. 1 M. 50 Pf.

42. **Reichs-Grundbuchordnung.** Vom 24. März 1897. Von Prof. **Dr. O. Fischer.** 1 M.

43. Reichsgesetz über die **Zwangsversteigerung** und die **Zwangsverwaltung.** Vom 24. März 1897. Von **Dr. J. Krech,** Geh. Reg.-Rath und Prof. **Dr. O. Fischer.** 1 M. 20 Pf.

44. Reichsgesetze über **Auswanderung, Ausbürgerung** und **Einbürgerung** nebst den Vorschriften über die rechtlichen Beziehungen der im Ausland lebenden Deutschen zum Deutschen Reich. Von Prof. **Dr. F. Stoerk.** In Vorbereitung.

45. Gesetz betr. Abänderung der Gewerbeordnung (**neues Handwerkergesetz**). Vom 26. Juli 1897. Mit Einleitung und ausführlichen Erläuterungen von **Dr. jur. L. Wilhelmi,** Kais. Geh. Ober-Regierungsrath und vortragender Rath im Reichsamt des Innern. In Vorbereitung.

Zu beziehen durch jede Buchhandlung.

J. Guttentag, Berlin SW.[48], Wilhelmstraße 120.

Preußische Gesetze.

Text-Ausgaben mit Anmerkungen. Taschenformat, cartonnirt.

1. **Verfassungs-Urkunde** für den Preußischen Staat nebst Ergänzungs- und Ausführungs-Gesetzen. Mit Einleitung und Kommentar von Prof. Dr. **Adolf Arndt**. Dritte Auflage. 2 Mark 25 Pf.

2. Preußische **Beamten-Gesetzgebung**. Von **C. Pfafferoth**, Kanzleirath. Dritte Auflage. 1 Mark 50 Pf.

3. Die Preuß. Gesetzgebung, betr. die **Zwangsvollstreckung** in das unbewegliche Vermögen. Von Dr. **J. Krech**, Geh. Reg.-Rath und Prof. Dr. **O. Fischer**. Dritte Auflage. 1 Mark.

4. Die Preuß. Gesetze, betr. das **Notariat** einschließlich der **Gebührenordnung** für **Notare** vom 25. Juni 1895. Von **R. Sydow** und **A. Hellweg**. Dritte Auflage. 1 Mark 60 Pf.

5. Gesetz vom **24. April 1854** (betr. die **außereheliche Schwängerung**.) Von Dr. **H. Schulze**. 75 Pf.

6. Die Preußischen **Ausführungsgesetze** und Verordnungen zu den **Reichs-Justizgesetzen**. Von **R. Sydow**. Dritte Aufl. 2 M. 40 Pf.

7. **Allgem. Gerichtsordnung** und Konkursordnung v. 8. Mai 1855. Von **F. Vierhaus**. Zweite Auflage in Vorbereitung.

8. **Vormundschaftsordnung** nebst allen dazu erlassenen Nebengesetzen und Verfügungen. Von **Schultzenstein**, Oberverwaltungsgerichtsrath. Dritte Auflage. 1 Mark 50 Pf.

9. Die Preuß. **Grundbuchgesetzgebung**. Mit Einleitung und Formularen. Von Prof. Dr. **Fischer**. Dritte Auflage. 1 M. 20 Pf.

Zu beziehen durch jede Buchhandlung.

J. Guttentag, Berlin SW.48, Wilhelmstraße 120.

Guttentag'sche Sammlung Preußischer Gesetze.

Text-Ausgaben mit Anmerkungen.

10. **Einkommensteuergesetz.** Von **Meitzen.** Dritte Auflage von **A. Fernow,** Ober-Regierungsrath. 1 Mark.

11. **Gewerbesteuergesetz.** Von **A. Fernow,** Ober-Regierungsrath. Zweite Auflage. 90 Pf.

12. **Allg. Berggesetz** f. d. Preuß. Staaten. Von **Engels,** Ober-Bergrath. Zweite Auflage. 1 Mark 60 Pf.

13. **Ergänzungssteuer-Gesetz** (Vermögenssteuergesetz). Von **A. Fernow,** Ober-Regierungsrath. Zweite Auflage. 1 Mark.

14. **Kommunalabgabengesetz** und Gesetz wegen Aufhebung direkter Staatssteuern. Von **F. Adickes.** Zweite Auflage. 1 Mark 25 Pf.

15. Die **Kreisordnungen.** Von **O. Kolisch,** Landgerichtsrath. 4 M.

16. Preuß. Ausführungs-Anweisung zu §§ 16 u. ff. der Gewerbe-Ordnung, betr. **Genehmigung gewerblicher Anlagen.** Von Gewerberath **Dr. v. Rüdiger.** 1 Mark 50 Pf.

17. **Gerichtskostengesetz.** Mit Kostentabellen. Von **Dr. P. Siméon.** Zweite vermehrte Auflage. 1 Mark 60 Pf.

18. **Stempelsteuergesetz.** Mit Ausführungsbestimmungen. Von **Gaupp,** Geh. Regierungsrath und Reg.-Assessor **P. Loeck.** Dritte Auflage. 3 Mark 30 Pf.

19. **Jagdscheingesetz.** Mit ausführlichen Erläuterungen. Von **F. Kunze,** Oberverwaltungsgerichtsrath. 1 Mark 60 Pf.

20. **Das Erbschaftssteuergesetz.** Mit ausführlichen Erläuterungen. Von Reg.-Assessor **P. Loeck.** 1 Mark 80 Pf.

21. **Das Handelskammergesetz.** Mit ausführlichen Erläuterungen. Von **F. Lusensky,** Geh. Regierungsrath. 3 Mark.

Zu beziehen durch jede Buchhandlung.

J. Guttentag, Berlin SW.48, Wilhelmstraße 120.

Guttentag'sche Sammlung
№ 10. Preußischer Gesetze. № 10.
Text-Ausgaben mit Anmerkungen.

Einkommensteuergesetz.

Vom 24. Juni 1891.

Text-Ausgabe mit Anmerkungen und Sachregister

von

R. Meitzen.

Dritte, bedeutend vermehrte und verbesserte Auflage

bearbeitet von

A. Fernow,
Regierungsrath in Frankfurt a. O.

Berlin SW.48.
Wilhelmstraße 119/120.
J. Guttentag, Verlagsbuchhandlung
1895.

Inhaltsverzeichniß.

Abkürzungen.

A. = Ausführungsanweisung vom 5. Aug. 1891 zum Einkommensteuergesetz.
AKD. = Allgemeines Kriegs-Departement.
ALR. = Allgemeines Landrecht.
Anm. = Anmerkung.
Art. = Artikel.
BGB. S. = Bundes-Gesetz-Blatt, Seite.
CirkVerf. d. FM. = Cirkular-Verfügung des Finanzministers.
CPO. = Civilprozeß-Ordnung.
Entsch. d. OVG. i. St. = Entscheidungen des Oberverwaltungsgerichts in Steuersachen.
FME. = Finanz-Ministerial-Erlaß.
GS. S. = Preußische Gesetz-Sammlung, Seite.
HGB. = Handelsgesetzbuch.
KME. = Kriegs-Ministerial-Erlaß.
Mitth. H. = Mittheilungen aus der Verwaltung der direkten Steuern, Heft.
MGA. E. = Ministerium der Geistlichen Angelegenheiten, Erlaß.
MOD. = Militär-Oekonomie-Departement.
RGB. S. = Reichs-Gesetz-Blatt, Seite.

Vorwort.

Auf den dringenden Wunsch der Verlagsbuchhandlung hat der Verfasser eingewilligt, die vorliegende Arbeit zu veröffentlichen, ehe die durch das Gesetz geforderten Ausführungs-Anweisungen seitens des Herrn Finanzministers ergangen sind, indessen verhehlt er sich nicht, daß er damit nur den Kreisen des großen Publikums einigermaßen nützlich werden kann.

Alle diejenigen, welche berufen sein werden, an der Bearbeitung der neuen Einkommensteuer in irgend welcher Weise theil zu haben, und welche die Dienste des Verfassers in Anspruch zu nehmen für werth halten, darf er auf einen seiner Zeit in Aussicht genommenen Kommentar des Einkommensteuergesetzes hinweisen, der in derselben Weise bearbeitet sein wird, wie sein Werk: „Die Vorschriften über die Klassen- und klassifizirte Einkommensteuer in Preußen, 2. Auflage. Berlin 1887."

Berlin, im Mai 1891.

Der Verfasser.

Vorwort zur dritten Auflage.

Auf Wunsch der Verlagsbuchhandlung habe ich die Bearbeitung der dritten Auflage nachfolgender Textausgabe übernommen.

Um das Werkchen dem praktischen Bedürfniß anzupassen, war es nothwendig, die inzwischen durch die erlassenen Ausführungsanweisungen und durch die Rechtsprechung des Königlichen Oberverwaltungsgerichts vielfach überholten Anmerkungen des verewigten Herrn Verfassers wesentlich umzugestalten und zu vermehren.

Ich habe mich bestrebt, durch Hinweis auf die ministeriellen Anweisungen und Erlasse, namentlich aber auch durch möglichst umfassende Berücksichtigung der für das Verständniß des Einkommensteuer-Gesetzes so überaus wichtigen Entscheidungen des Königlichen Oberverwaltungsgerichts den Inhalt des Gesetzes so vorzuführen, wie er sich gegenwärtig darstellt. Diejenige Gründlichkeit und Ausführlichkeit, deren sich die Bearbeitung gern befleißigt hätte, verboten der ganze Charakter und die engen Grenzen des Werkchens als Textausgabe. Doch gebe ich mich der Hoffnung hin, wenigstens den Steuerpflichtigen und, ich denke, wohl auch den Laienmitgliedern der Steuerkommissionen, ausreichend Material zum Verständniß dieses bedeutsamen Gesetzes geboten zu haben.

Frankfurt a. O., im Januar 1895.

Fernow
Regierungsrath.

Einleitung.

(Unverändert aus den früheren Auflagen beibehalten.)

Das nachfolgende Gesetz bezweckt, die Grundlage zu schaffen für eine durchgreifende neue Ordnung der direkten Steuern und der Kommunalbesteuerung in Preußen. Es fordert zu diesem Zwecke von allen denjenigen Steuerpflichtigen, welche über 3000 Mk jährliches Einkommen haben, als Erfüllung einer staatsbürgerlichen Pflicht jedes Jahr die genaue Summe ihres jährlichen Einkommens, und zwar getrennt nach vier großen Einnahmequellen, selbst aufzurechnen und der Steuerbehörde anzugeben (Steuererklärung, Deklaration). Als diese Quellen bezeichnet das Gesetz 1. das Kapitalvermögen, 2. den Grundbesitz, 3. die gewerbliche Thätigkeit, 4. jede sonstige Art einer gewinnbringenden Beschäftigung.

Da eine falsche oder unvollständige Angabe des Einkommens aus jeder einzelnen dieser vier Quellen event. unter Strafe gestellt ist, da die Einkommen von 900 bis 3000 Mk. und darüber nach gleichen Grundsätzen zur Steuer herangezogen werden und endlich die Zusammensetzung der Veranlagungsorgane eine stärkere Gewähr bietet für eine gesetzgemäße Veranlagung, als bisher, so hat die Staatsregierung einen ziemlich zuverlässigen Einblick in das aus den genannten Quellen stammende Einkommen innerhalb der gesammten Monarchie und damit die Möglichkeit erhalten, den so lange ersehnten Ueberblick über das sogenannte fundirte und nichtfundirte Einkommen zu gewinnen, das heißt über dasjenige Einkommen, für dessen Eingehen eine Sicherung, sei es in Grund und Boden oder in Kapitalforderungen vorhanden ist, und über dasjenige, für welches lediglich die Person und die Arbeitskraft des Steuerpflichtigen als Unterlage dient. Es wird nunmehr also, soweit es wünschenswerth erscheint, thunlich sein, das Kapitalvermögen, welches sich bisher der Besteuerung wesentlich leichter als die übrigen Einnahmequellen entzog, schärfer zur Steuer heranzuziehen und dagegen die Grund- und Gebäudesteuer, deren Erhebung für den Staat vielfach als eine doppelte Besteuerung des Einkommens aus ein und demselben Objekt empfunden worden ist, wenn auch nicht aufzuheben, so doch ganz oder theilweise den Gemeinden zu überweisen, damit in dem Haushalt der Gemeinden ein stetiger und ergiebiger Faktor der Einnahmen gewonnen wird, welcher es ermöglicht, mit der Zeit völlig von den Zuschlägen zur Staats-Klassen- und Einkommensteuer abzusehen, die gegenwärtig an manchen Stellen in einer Höhe bis zu 600 Prozent der Staatssteuer erhoben werden. Auch wird der Frage näher getreten werden können, ob und in welcher Weise das steuerkräftigere fundirte Einkommen stärker zu den Lasten des Staates heranzuziehen sein wird, als das steuerschwächere, unfundirte Einkommen.

Das Gesetz erstrebt ferner das Ziel, schon jetzt die gegenwärtig aufliegende Klassen- und klassifizirte Einkommensteuer ohne Einbuße für die Staatskasse anderweit derart zu vertheilen, daß den steuerkräftigeren Schultern die größere Last aufgebürdet, den steuerschwächeren aber die Last erheblich erleichtert, daß also schon jetzt einer wirklichen Gleichmäßigkeit der Steuerlast nach Maßgabe der Leistungsfähigkeit näher gekommen wird. Es hebt zu diesem Zweck zunächst die gegenwärtige, innerlich längst gegenstandslos gewordene Unterscheidung von Staats-Klassensteuer und klassifizirter Einkommensteuer auf und verschmilzt beide Steuern zu einer einzigen gleichmäßig behandelten, der Einkommensteuer. Die alte Unterscheidung kommt im wesentlichen nur noch dadurch zur Erscheinung, daß die mit einem Jahreseinkommen bis zu 3000 Mk. Steuerpflichtigen, die früheren Klassensteuerpflichtigen, zwar berechtigt, aber nur dann verpflichtet sind, eine Steuererklärung abzugeben, wenn der Vorsitzende der Veranlagungskommission sie ausdrücklich dazu auffordert, sowie darin, daß diese Steuerpflichtigen nicht durch die in der Regel einen Land- oder Stadtkreis umspannende Veranlagungskommission veranlagt, sondern durch besondere örtliche Voreinschätzungskommissionen zur Steuer voreingeschätzt werden. Diese Voreinschätzungen werden endgültig, sofern der Vorsitzende der Veranlagungskommission ihnen beistimmt, soweit er sie beanstandet, tritt eine Festsetzung durch die Veranlagungskommission ein.

Ferner bricht das Gesetz mit dem bisherigen, aus der ursprünglichen Natur der Steuer als einer Kopfsteuer erwachsenen Grundsatze, daß nur die lebende Person Träger der Steuer sein könne und zieht auch die erwerbenden juristischen Personen, wie Aktiengesellschaften, Kommanditgesellschaften auf Aktien, Berggewerkschaften, eingetragene Genossenschaften, Konsumvereine zur Besteuerung heran.

Endlich sieht es von der bisher anerkannten Forderung ab, daß auch die höchsten Einkommen nicht mit einem höheren Prozentsatze als 3 Prozent bei der Besteuerung belastet werden dürfen, veranlagt alle Einkommen von 100 000 Mk. und darüber mit 4 Prozent und läßt von da ab nach unten fallend eine Stufenfolge eintreten, welche bei

10 000	Mk.	Einkommen	3	Prozent
5 250	"	"	2,51	"
3 450	"	"	2,03	"
2 850	"	"	1,82	"
1 725	"	"	1,51	"
1 275	"	"	0,94	"
975	"	"	0,62	"

beträgt. Ein eingehenderes Bild davon, wie stark diese sogenannte Degression die unteren Stufen gegen die höherstehenden im Vergleich zu der bisherigen Belastung erleichtert, giebt die als Anlage II diesem Buche beigefügte Uebersicht.

Die Summe der hierdurch gegen die bisherige Gesetzgebung geschaffenen Entlastung ist bei den Einkommen bis zu 3000 Mk. auf 1½ Millionen Mk. zu schätzen, bei den Einkommen zwischen 3000 und 6000 Mk. auf 2½ Millionen Mk., bei den Einkommen zwischen 6000 und 9000 Mk. auf ca. 180 000 Mk. Die gesammte Entlastung beläuft sich nach der Angabe des Herrn Finanzministers auf nicht weniger als $6^1/_2$ Millionen Mk. Dazu kommt noch, daß nach § 18 des Gesetzes bei Einkommen bis 3000 Mk. für jedes nicht selbstständig zu veranlagende Familienglied unter 14 Jahren dem Haushaltungsvorstand der Betrag von 50 Mk. in Abzug gebracht wird und bei drei oder mehr solcher Familienglieder zum mindesten eine Ermäßigung um eine Stufe eintritt. Nach den angestellten Ermittelungen läßt sich annehmen, daß hierdurch etwa 12—16 Prozent solcher Familienhäupter von der Steuer ganz freigestellt, 27—28 Prozent aber in der Steuer ermäßigt werden, und daß der Gesammtbetrag der hierdurch bedingten Erleichterung etwa $2^1/_2$ Millionen Mk. beträgt.

Der Zweck des Gesetzes, die schwachen Schultern zu entlasten, ist also in augenfälliger Weise erreicht.

Ebenso durchgreifend und sogar mit Strafen trifft das Gesetz dafür Fürsorge, daß alle seitens der Steuerpflichtigen gemachten Erklärungen nur den amtlichen Organen zugänglich werden, im übrigen aber vollständig geheim bleiben und entzieht, um den Steuerpflichtigen mit allen nur möglichen Rechtskautelen zu umgeben, die Entscheidung über die Beschwerde wegen vermeintlich unrichtiger Veranlagung in letzter Instanz den Verwaltungsorganen gänzlich. Während bisher die Klassensteuer-Reklamationen durch die Bezirksregierungen und in letzter Instanz durch den Finanzminister entschieden wurden, die Erledigung der Einsprüche gegen die Veranlagung zur klassifizirten Einkommensteuer aber in erster Instanz (Remonstration) durch die Einschätzungskommissionen selbst, in zweiter und letzter Instanz (Reklamation) durch die Bezirkskommissionen erfolgte, überweist das vorliegende Gesetz alle Einsprüche gegen die neue Einkommensteuer zur Entscheidung in erster Instanz (Berufung, § 40) an die Berufungskommission, welche ungefähr an die Stelle der früheren Bezirkskommission tritt, und in zweiter Instanz (Beschwerde, § 44) an das Oberverwaltungsgericht als obersten Steuergerichtshof. Eine größere Rechtssicherheit ist in der That schwer zu denken.

Das Streben aller gesetzgebenden Faktoren nach Herstellung einer wirklich gerechten Gleichmäßigkeit der Steuerlast nach Maßgabe der Leistungsfähigkeit, — ein Streben, das in gleicher Weise bei Erlaß des neuen Gewerbesteuergesetzes dazu geführt hat, eine gleichmäßige Veranlagung der Gewerbesteuer unter Entlastung der kleinen Gewerbe-Betriebe nach Maßgabe der Größe der Betriebe durchzuführen — tritt so klar aus dem nachfolgenden Gesetze hervor, daß es kaum eines einigermaßen unbefangenen Auges bedarf, um dem Leser hierüber jeden Zweifel zu benehmen. Möge das vorliegende Werkchen dazu beitragen, die Erkenntniß hiervon in weiteren Kreisen zu verbreiten und dadurch an seinem schwachen Theile mitarbeiten helfen an der großen Aufgabe, den zumeist durch Unkenntniß und Unverstand getrübten sozialen Frieden wiederherzustellen.

(№ 9463.)

Einkommensteuergesetz.

Vom 24. Juni 1891.

(Gesetz-Sammlung von 1891, Nr. 19. S. 175—204. Ausgegeben zu Berlin den 7. Juli 1891.)

Wir **Wilhelm**, von Gottes Gnaden König von Preußen ꝛc. verordnen, mit Zustimmung beider Häuser des Landtags Unserer Monarchie, für den Umfang derselben, mit Ausschluß der Hohenzollernschen Lande und der Insel Helgoland, was folgt:

I. Steuerpflicht.

1. Subjektive Steuerpflicht.

§ 1.

Einkommensteuerpflichtig sind: [1]

1) die Preußischen Staatsangehörigen,[2] mit Ausnahme derjenigen,

a) welche, ohne in Preußen einen Wohnsitz[3] (§. 1 Absatz 2 des Reichsgesetzes wegen Beseitigung der Doppelbesteuerung vom 13. Mai 1870, Bundes-Gesetzbl. S. 119) zu haben, in einem anderen

Bundesstaate oder in einem Deutschen Schutzgebiete wohnen oder sich aufhalten;

b) welche neben einem Wohnsitz in Preußen in einem anderen Bundesstaate[4]) oder in einem Deutschen Schutzgebiete ihren dienstlichen[5]) Wohnsitz (§. 2 Absatz 3 a. a. O.) haben:

c) welche, ohne in Preußen einen Wohnsitz zu haben, seit mehr als zwei Jahren[6]) sich im Auslande[7]) dauernd aufhalten.

Auf Reichs- und Staatsbeamte,[8]) welche im Auslande ihren dienstlichen Wohnsitz haben und dort zu entsprechenden[9]) direkten Staatssteuern nicht herangezogen werden, findet die Ausnahme unter c keine Anwendung;

2) diejenigen Angehörigen anderer Bundesstaaten,[10])

a) welche, ohne in ihrem Heimathsstaate einen Wohnsitz zu haben, in Preußen wohnen oder, ohne im Deutschen Reiche[11]) einen Wohnsitz zu haben, sich in Preußen aufhalten;

b) welche in Preußen ihren dienstlichen Wohnsitz (§. 2 Absatz 3 a. a. O.) haben;

3) diejenigen Ausländer,[12]) welche in Preußen einen Wohnsitz haben, oder sich daselbst des Erwerbes wegen oder länger als ein Jahr aufhalten;[13])

4) Aktiengesellschaften,[14]) Kommanditgesellschaften auf Aktien[15]) und Berggewerkschaften,[16]) welche in Preußen einen Sitz[17]) haben, sowie diejenigen eingetragenen Genossenschaften,[18]) deren Geschäftsbetrieb über den Kreis ihrer Mitglieder hinausgeht;[19])

5) Konsumvereine mit offenem Laden,[20]) sofern dieselben die Rechte juristischer Personen haben.[21])

1) Zu vgl. zu Nr. 1—3 Art. 1 und zu Nr. 4 und 5 Art. 26 d. A.

2 a) Für die Beurtheilung der Staatsangehörigkeit sind die Vorschriften des Gesetzes über die Erwerbung und den Verlust der Bundes- und Staatsangehörigkeit, v. 1. Juni 1870 (BGB. S. 355) maßgebend. Vgl. Anm. 1 zu Art. 1 d. A. Die wichtigsten hierher gehörigen Vorschriften dieses Ges. lauten wie folgt:

§ 2. Die Staatsangehörigkeit in einem Bundesstaate wird fortan nur begründet:

1. durch Abstammung (§ 3),
2. durch Legitimation (§ 4),
3. durch Verheirathung (§ 5),
4. für einen Deutschen durch Aufnahme und } (§§ 6 ff.)
5. für einen Ausländer durch Naturalisation. } (§§ 6 ff.)

Die Adoption hat für sich allein diese Wirkung nicht.

§ 3. Durch die Geburt, auch wenn diese im Auslande erfolgt, erwerben eheliche Kinder eines Deutschen die Staatsangehörigkeit des Vaters, uneheliche Kinder einer Deutschen die Staatsangehörigkeit der Mutter.

§ 4. Ist der Vater eines unehelichen Kindes ein Deutscher und besitzt die Mutter nicht die Staatsangehörigkeit des Vaters, so erwirbt das Kind durch eine den gesetzlichen Bestimmungen gemäß erfolgte Legitimation die Staatsangehörigkeit des Vaters.

§ 5. Die Verheirathung mit einem Deutschen begründet für die Ehefrau die Staatsangehörigkeit des Mannes.

§ 6. Die Aufnahme, sowie die Naturalisation (§ 2 Nr. 4 und 5) erfolgt durch eine von der höheren Verwaltungsbehörde ausgefertigte Urkunde.

§ 9. Eine von der Regierung oder von einer Central- oder höheren Verwaltungsbehörde eines Bundesstaates vollzogene oder bestätigte Bestallung für einen in den unmittelbaren oder mittelbaren Staatsdienst oder in den Kirchen-, Schul- oder Kommunaldienst aufgenommenen Ausländer oder Angehörigen eines anderen

Bundesstaates vertritt die Stelle der Naturalisations-Urkunde, beziehungsweise Aufnahme-Urkunde 2c.

§ 11. Die Verleihung der Staatsangehörigkeit erstreckt sich, insofern nicht dabei eine Ausnahme gemacht wird, zugleich auf die Ehefrau und die noch unter väterlicher Gewalt stehenden minderjährigen Kinder.

§ 12. Der Wohnsitz innerhalb eines Bundesstaates begründet für sich allein die Staatsangehörigkeit nicht.

§ 13. Die Staatsangehörigkeit geht fortan nur verloren:

1. durch Entlassung auf Antrag (§§ 14 ff.);
2. durch Ausspruch der Behörde (§§ 20 und 22);
3. durch zehnjährigen Aufenthalt im Auslande (§ 21);
4. bei unehelichen Kindern durch eine den gesetzlichen Bestimmungen gemäß erfolgte Legitimation, wenn der Vater einem anderen Staate angehört als die Mutter;
5. bei einer Deutschen durch Verheirathung mit dem Angehörigen eines anderen Bundesstaates oder mit einem Ausländer.

§ 14. Die Entlassung wird durch eine von der höheren Verwaltungsbehörde des Heimathsstaates ausgefertigte Entlassungs-Urkunde ertheilt.

§ 19. Die Entlassung erstreckt sich, insofern nicht dabei eine Ausnahme gemacht wird, zugleich auf die Ehefrau und die noch unter väterlicher Gewalt stehenden minderjährigen Kinder.

2b) Durch die Verleihung eines preußischen Offizier-Patentes oder einer Vokation zum Militärgeistlichen wird die preußische Staatsangehörigkeit erworben. FME. v. 28. Jan. 1888 — II. 479. — und v. 29. Mai 1888 — II. 5166 — Mitth. H. 23 S. 7.

2c) Durch Versetzung zu den Offizieren à la suite der Armee geht die preußische Staatsangehörigkeit nicht verloren. KME. v. 7. Mai 1887 — 417 C. 3. — Ebenso wenig durch eine Verabschiedung aus der preußischen Armee, da diese nicht zu den im § 13 des Ges. v. 1. Juni 1870 aufgeführten Gründen gehört. Das Gleiche gilt für den Fall eines mittelst besonderer preußischer Bestallung erfolgten Eintritts in den preußischen Civildienst. Unzweifelhaft kann Jemand die Staatsangehörigkeit in mehreren

Bundesstaaten zugleich besitzen. Zu vgl. auch Entsch. d. OVG. v. 14. Juni 1893, Entsch. i. St. Bd. II S. 55.

3) Einen Wohnsitz hat nach § 1 Al. 2 des Reichsges. v. 13. März 1870 ein Deutscher an dem Orte, an welchem er eine Wohnung unter Umständen inne hat, welche auf die Absicht der dauernden Beibehaltung einer solchen schließen lassen; als Wohnung in diesem Sinne ist jedoch nicht jedes nur zu einem zeitweiligen und vorübergehenden Aufenthalt eingerichtete oder ausreichende Absteigequartier zu verstehen, sondern es gehört dazu, daß die Wohnräume zu dauerndem Aufenthalte eingerichtet sind und dem Steuerpflichtigen für sich und seinen Haushalt standesgemäße Unterkunft gewähren. Ein früher begründeter Wohnsitz kann auch bei vorübergehender oder selbst dauernder Abwesenheit vom Orte des Wohnsitzes beibehalten werden. Zu vgl. Anm. 23 zu Art. 35 d. A.

Ein im Sinne der Vorschrift im § 1 des Reichsges. v. 13. Mai 1870 einmal begründeter Wohnsitz geht lediglich durch die Thatsache einer längere Zeit dauernden Abwesenheit nicht verloren. Der Verlust des Wohnsitzes tritt erst ein, wenn ein Merkmal des im § 1 a. a. O. bestimmten Begriffs nicht mehr zutrifft, sei es das thatsächliche Innehaben einer Wohnung, sei es die Absicht, eine solche beizubehalten. Entsch. d. OVG. v. 22. Dez. 1892, Entsch. i. St. Bd. I S. 85. Zu vgl. auch § 20 des Ges.

4) Den Bundesstaaten steht das Reichsland Elsaß-Lothringen gleich. Anm. 3 zu Art. 1 d. A.

5) Als „dienstlicher Wohnsitz" gilt derjenige Ort, an welchem ein Beamter oder Offizier nach den für ihn maßgebenden dienstlichen Vorschriften verpflichtet ist, Wohnung zu nehmen. Art. 35 Ziffer 2 d. A.

6a) Nach der früheren Gesetzgebung blieben Preußen im Auslande dauernd einkommensteuerpflichtig.

6b) Bei Berechnung der zweijährigen Dauer werden die verschiedenen Abschnitte eines unterbrochenen Aufenthalts im Auslande nicht zusammengerechnet. Art. 1 d. A.

6c) Eine nur vorübergehende, z. B. besuchsweise Rückkehr nach dem Inlande begründet den Wiedereintritt der einmal erloschenen Steuerpflicht nicht. Art. 1 d. A.

7) „Ausland" im Sinne des Einkommensteuerges. bedeutet nur, „was nicht zum Bundesgebiet oder Schutzgebiet gehört." Entsch. d. OVG. v. 17. Jan. 1893, Entsch. i. St. Bd. I S. 118. Vgl. auch Anm. 4 zu Art. 1 d. A.

8a) Siehe § 6 Nr. 4. Reichs- und Staatsbeamte, welche im Ausland ihren dienstlichen Wohnsitz haben und dort zu entsprechenden direkten Staatssteuern nicht herangezogen werden, bleiben also in Preußen dauernd steuerpflichtig, mit Ausnahme für den das persönliche pensionsberechtigende Gehalt übersteigenden Theil ihres dienstlichen Einkommens; sind sie dagegen dort zu entsprechenden Staatssteuern herangezogen, so bleibt ihr gesammtes dienstliches Einkommen in Preußen steuerfrei und ihre Steuer fällt ganz fort, sobald sie sich seit mehr als zwei Jahren im Auslande dauernd aufhalten und in Preußen weder einen Wohnsitz, noch Grundbesitz haben, noch ein Gewerbe treiben.

8b) Die Bestimmung erstreckt sich auch auf Offiziere. Vgl. Art. 1 d. A.

9) Die Annahme einer entsprechenden Besteuerung, deren Nachweis dem betheiligten Beamten obliegt, wird durch die abweichende Form der ausländischen Steuer nicht ausgeschlossen. Art. 1 d. A.

10) Die Angehörigen anderer deutscher Bundesstaaten, sofern deren Besteuerung in Preußen nach den Bestimmungen des Reichsges. v. 13. Mai 1870 überhaupt zulässig ist, sollen nach dem Ges. (§ 1 Nr. 2) die bisherige zeitweise Steuerfreiheit nicht mehr genießen; ihre sofortige Heranziehung ist gerechtfertigt, weil sie andernfalls im ganzen Reichsgebiete steuerfrei sein würden.

11) Zum „Deutschen Reiche" in diesem Sinne gehören auch die Schutzgebiete. Zu vgl. § 6 Abs. 3 des Ges. v. 15. März 1888 (RGB. 1888 S. 71).

12) Unter „Ausland" und „Ausländer" sind nur außerdeutsche Staaten und Angehörige derselben zu verstehen.

Ausländer, welche in Preußen einen Wohnsitz haben, oder sich daselbst länger als ein Jahr aufhalten, sind, sofern dies nicht des Erwerbes wegen geschieht, mit ihrem Einkommen aus ausländischem

Grundbesitz oder Gewerbebetriebe der Steuer nicht unterworfen (siehe § 6 Nr. 2 des Ges.).

13) Der Aufenthalt in Preußen muß ein ununterbrochener sein; es ist aber gleichgültig, ob er an demselben oder an verschiedenen Orten des Staates stattfindet. Durch eine vorübergehende Abwesenheit wird die einmal begründete Steuerpflicht des Ausländers nicht aufgehoben. Art. 1 d. A.

14) Zu vgl. Aktien-Ges. v. 18. Juli 1884 (RGB. S. 123) Art. 207.

15) Zu vgl. HGB. Art. 150 und Aktien-Ges. Art. 173.

16) Zu vgl. Berg-Ges. v. 24 Juni 1865 (GS. S. 705) § 94.

17a) Ob ein Sitz in Preußen begründet ist, ergiebt sich nöthigenfalls aus dem Inhalt des Gesellschaftsvertrages oder Statuts, bei Berggewerkschaften aus der Belegenheit des Bergwerks, bei Konsumvereinen aus der Bestätigungsurkunde. Art. 26 Ziffer 1 d. A.

17b) Nur diejenigen Aktiengesellschaften unterliegen der unbeschränkten Steuerpflicht, deren statutenmäßiger Sitz sich in Preußen befindet. Entsch. d. OVG. v. 18. Okt. 1893. Entsch. i. St. Bd. II S. 264.

17c) Die Voraussetzung eines Sitzes in Preußen besteht auch für die Besteuerung der eingetragenen Genossenschaften und der Konsumvereine.

18) Vgl. Reichsges., betr. die Erwerbs- und Wirthschaftsgenossenschaften v. 1. Mai 1889 (RGB. S. 55) § 1.

19a) Daß der Geschäftsbetrieb über den Kreis der Mitglieder hinausgeht, ist nicht schon dann anzunehmen, wenn die Gesellschaft mit Nichtmitgliedern überhaupt in Geschäftsverkehr tritt, sondern erst dann, wenn die Genossenschaft Nichtmitglieder an denjenigen Zwecken theilnehmen läßt, zu deren Erreichung sie gebildet worden ist. Art. 26 Ziffer 3 d. A. Zu vgl. Entsch. d. OVG. v. 17. April 1893, Entsch. i. St. Bd. I S. 324, v. 31. Mai 1893, Entsch. i. St. Bd. II S. 28 und v. 24. Jan. 1894, Entsch. i. St. Bd. II S. 368.

19b) Treffen die Voraussetzungen der Steuerpflicht bei einer Genossenschaft zu, so findet bei Berechnung des steuerpflichtigen Einkommens eine Unterscheidung zwischen dem durch den Verkehr mit Mitgliedern und dem durch den Verkehr mit Nichtmitgliedern erzielten Gewinne nicht statt. Vgl. Art. 26 Ziffer 5 d. A.

20) Als offener Laden ist nicht nur ein mit Waarenauslagen und sonstigen Einrichtungen zur Anziehung des Publikums (Schaufenster u. s. w.) versehenes Geschäft, sondern überhaupt jedes Lokal anzusehen, welches zum Verkaufe von vorhandenen Waarenvorräthen im Kleinverkehr an das Publikum dient. Vgl. Ausf. Anw. zum Gewerbesteuerges. Art. 11 Ziffer 2. Nach der Rechtsprechung des OVG. (Entsch. v. 11. April 1893, Entsch. i. St. Bd. I S. 300) kann einem Laden der Charakter eines offenen nur etwa dadurch genommen werden, daß der ungehinderte Zugang durch Herstellung von Einrichtungen aufgehoben wird, welche zunächst dem freien Eintritt eines Jeden entgegenstehen und den Eintritt von Nichtmitgliedern unbedingt ausschließen. Für diesen Zweck genügen nicht Erklärungen des Konsumvereins in den Statuten des Inhalts, daß der Verkauf nur an Mitglieder stattfinde, ebensowenig Bekanntmachungen in öffentlichen Blättern, oder Tafeln und Plakate vor resp. im Laden, durch welche Nichtmitgliedern der Eintritt untersagt wird.

21) Andere als die unter den Ziffern 4 und 5 benannten juristischen Personen, Korporationen, Gesellschaften, Vermögensmassen oder Personenvereine sind als solche der Einkommensteuer nicht unterworfen. Vgl. Art. 26 Ziffer 4 d. A. Die gemeinschaftliche Veranlagung von Miterben ist unzulässig. Entsch. d. OVG. v. 4. Mai 1893. Die Gesellschaften mit beschränkter Haftung (Reichsges. v. 20. April 1892) unterliegen als solche der Einkommensteuer nicht. FME. v. 10. März 1893 II. 3259, Mitth. H. 26 S. 8.

Eine offene Handelsgesellschaft darf als solche nicht zur Einkommensteuer veranlagt werden. Entsch. d. OVG. v. 1. Nov. 1893, Entsch. i. St. Bd. II S. 295.

§ 2.

Ohne Rücksicht auf Staatsangehörigkeit, Wohnsitz oder Aufenthalt unterliegen der Einkommensteuer alle Personen mit dem Einkommen

a) aus den von der Preußischen Staatskasse[1]) gezahlten Besoldungen, Pensionen und Wartegeldern;

b) aus Preußischem Grundbesitz und aus Preußischen Gewerbe- oder Handelsanlagen oder sonstigen gewerblichen Betriebsstätten.[2])[3])

Die Bestimmung zu b findet auch auf Aktiengesellschaften, Kommanditgesellschaften auf Aktien, Berggewerkschaften und die im §. 1 Nr. 4 und 5 bezeichneten eingetragenen Genossenschaften Anwendung.

1a) Die auf Rechnung der Reichskasse oder der Kassen von kommunalen oder anderen öffentlichen Verbänden von der Staatskasse gezahlten Bezüge fallen unter diese Vorschrift nicht. Anm. zu Art. 2 d. A. Deutsche Militärpersonen, einschließlich der württembergischen, erhalten ihre Besoldung aus der Reichskasse. Nur die bayerischen Militärpersonen werden aus der bayerischen Staatskasse besoldet.

1b) Die Vorschrift im § 2a des Ges. findet auf Personen, welche nicht im Militär- oder Beamtenverhältniß stehen, bezw. gestanden haben, keine Anwendung. Entsch. d. OVG. v. 11. April 1893, Entsch. i. St. Bd. I S. 346.

2) Als solche gelten nicht nur die dem Gewerbebetriebe dienenden, sichtbaren Anstalten, wie Zweigniederlassungen, Speicher, Waarenlager, Verkaufsstellen, Komptoire, sondern es genügt die Ausübung des stehenden Gewerbebetriebes in Preußen durch ständig zu diesem Zwecke sich daselbst aufhaltende Geschäftstheilnehmer, Prokuristen, Agenten oder andere ständige Vertreter. Art. 2 d. A. Zu vgl. auch Entsch. d. OVG. v. 5. Juni 1893, Entsch. i. St. Bd. II S. 390.

3) Der bei einem Grundstücksverkaufe, einschließlich eines solchen zu Spekulationszwecken, erzielte Gewinn ist kein Einkommen aus Grundbesitz. Entsch. d. OVG. v. 17. Nov. 1893, Entsch. i. St. Bd. II S. 315.

§ 3.

Von der Einkommensteuer sind befreit:

1) die Mitglieder des Königlichen Hauses und des Hohenzollernschen Fürstenhauses;

2) die Mitglieder des vormaligen Hannoverschen Königshauses, des vormaligen Kurhessischen und des vormaligen Herzoglich Nassauischen Fürstenhauses;
3) die bei dem Kaiser und Könige beglaubigten Vertreter fremder Mächte und die Bevollmächtigten anderer Bundesstaaten zum Bundesrathe, die ihnen zugewiesenen Beamten, sowie die in ihren und ihrer Beamten Diensten stehenden Personen, soweit sie Ausländer sind;
4) diejenigen Personen, denen sonst nach völkerrechtlichen Grundsätzen oder nach besonderen, mit anderen Staaten getroffenen Vereinbarungen ein Anspruch auf Befreiung von der Einkommensteuer zukommt.

Die Befreiungen zu Nr. 3 und 4 erstrecken sich nicht auf das nach §. 2 steuerpflichtige Einkommen und bleiben in denjenigen Fällen ausgeschlossen, in welchen in den betreffenden Staaten Gegenseitigkeit nicht gewährt wird.

§ 4.

Die Häupter und Mitglieder der Familien vormals unmittelbarer Deutscher Reichsstände, welchen das Recht der Befreiung von ordentlichen Personalsteuern zusteht, werden zu der Einkommensteuer von dem Zeitpunkte ab herangezogen, in welchem durch besonderes Gesetz die Entschädigung für die aufzuhebende Befreiung von der Einkommensteuer geregelt sein wird.[1])

1) Zu vgl. Ges., betr. die Aufhebung der Befreiung von ordentlichen Personalsteuern gegen Entschädigung, v. 18. Juli 1892 (GS. S. 210), durch welches die Personalsteuerbefreiung der Reichsunmittelbaren gegen einmalige Kapitalabfindung v. 1. April 1893 ab aufgehoben worden ist.

2. Objektive Steuerpflicht.

A. Allgemeine Grundsätze.

§ 5.

Die Steuerpflicht beginnt mit einem Einkommen von mehr als 900 Mark.[1])

1) Zu vgl. Art. 34 III d. A.

§ 6.

Von der Besteuerung sind ausgeschlossen:

1) das Einkommen aus den in anderen Deutschen Bundesstaaten oder in einem Deutschen Schutzgebiete belegenen Grundstücken,[1]) den daselbst betriebenen Gewerben,[2]) sowie aus Besoldungen, Pensionen und Wartegeldern, welche Deutsche Militärpersonen[3]) und Civilbeamte, sowie deren Hinterbliebene aus der Kasse[4]) eines anderen Bundesstaates beziehen (§. 4 des Gesetzes vom 13. Mai 1870, Bundes-Gesetzbl. S. 119);
2) das Einkommen der nach §. 1 Nr. 3 steuerpflichtigen Ausländer aus ausländischem Grundbesitz oder Gewerbebetrieb, sofern dieselben nicht des Erwerbes wegen in Preußen einen Wohnsitz haben oder sich daselbst aufhalten;

3) das Militäreinkommen[5]) der Personen des Unteroffizier-[6]) und Gemeinenstandes, sowie während der Zugehörigkeit zu einem in der Kriegsformation befindlichen Theile des Heeres oder der Marine das Militäreinkommen aller Angehörigen des aktiven Heeres und der aktiven Marine;[7])

4) der das persönliche pensionsberechtigende Gehalt übersteigende Theil des dienstlichen Einkommens derjenigen Staats- und Reichsbeamten und Offiziere, welche ihren dienstlichen Wohnsitz im Auslande haben. Sofern dieselben im Auslande zu entsprechenden direkten Staatssteuern herangezogen werden, bleibt auch das persönliche pensionsberechtigende Gehalt frei;

5) die auf Grund gesetzlicher Vorschrift den Kriegsinvaliden gewährten Pensionserhöhungen und Verstümmelungszulagen,[8]) sowie die mit Kriegsdekorationen verbundenen Ehrensolde.[9])

1a) Das Einkommen aus dem im außerdeutschen Auslande belegenen Grundbesitz ist abweichend von der bisherigen Gesetzgebung auch dann zur Steuer heranzuziehen, wenn es im Auslande mit einer gleichartigen Steuer belastet ist.

1b) Ebenso wie Einnahmen aus dem in einem anderen Bundesstaate belegenen Grundbesitze in Preußen nicht steuerpflichtig sind, kommt auch ein bei solchem Besitze erlittener Betriebsverlust nicht in Abzug. Entsch. d. OVG. v. 16. Okt. 1893, Entsch. i. St. Bd. II S. 149.

2) Der Gewerbebetrieb ist nur für den Inhaber die Quelle des aus demselben herrührenden Einkommens. Der Aktionär ist beispielsweise nicht derjenige, welcher das Gewerbe der Aktiengesellschaft betreibt. Entsch. d. OVG. v. 20. Okt. 1892, Entsch.

i. St. Bd. I S. 48. Im Falle des Betriebes einer Zuckerfabrik durch eine eingetragene Genossenschaft sind die Gewinnantheile des einzelnen Genossenschafters nicht Einkommen aus Gewerbebetrieb. Entsch. d. OVG. v. 22. Sept. 1893, Entsch. i. St. Bd. II S. 79.

3) Zu vgl. § 4 des Militär-Strafgesetzbuchs für das Deutsche Reich v. 20. Juni 1872, welcher bestimmt:

Unter Militärpersonen sind die Personen des Soldatenstandes und die Militärbeamten zu verstehen, welche zum Heer oder zur Marine gehören.

4) Zu vgl. Anm. 1a zu § 2. Die Heranziehung einer Pension, die ein in Preußen Steuerpflichtiger bezieht, ist nur dann ausgeschlossen, wenn ein anderer Bundesstaat (nicht das Reich) zur Zahlung verpflichtet ist. Entsch. d. OVG. v. 30. Nov. 1893, Entsch. i. St. Bd. II S. 329.

5) Die an Stelle der Militärlöhnung tretende Leistung der Civilbehörde an einen zu einer solchen behufs Probedienstleistung kommandirten, noch im aktiven Dienste befindlichen Unteroffizier gilt als dessen steuerfreies Militäreinkommen. FME. v. 19. Jan. 1878 IV. 15336, Mitth. H. 7 S. 40.

6a) Zum Unteroffiziers- bezw. Gemeinenstande gehören insbesondere auch die Feldwebel und Feldjäger (nicht aber auch die Oberjäger und die Feldjäger im Dienst des reitenden Feldjäger-Korps), sowie alle diejenigen Militärpersonen, welche ihrem Range nach den Unteroffizieren gleich stehen, wie Roßärzte, Unterroßärzte (nicht auch Korpsroßärzte und Oberroßärzte), Büchsenmacher und Sattler bei den Truppen, Festungsbauschreiber, Wallmeister, Lazarethaufseher, Kadettenhausverwalter. Anm. 7 zu Art. 3 d. A.

6b) Steuerfrei ist auch das Diensteinkommen der Wachtmeister und Mannschaften der Landgendarmerie. Art. 3 II Ziffer 3 d. A.

7) Ist dieser Vorschrift entgegen steuerfreies Militäreinkommen irrthümlich zur Steuer veranlagt worden, so hat die Abgangstellung von Amtswegen zu geschehen. Vgl. Art. 78 I Abs. 3 d. A. und FME. v. 31. Okt. 1892, Mitth. H. 25 S. 10.

8a) Nicht auch die sonstigen Pensionsbeträge. Es kommen zur Zeit in Betracht:

a. die preußischen Gesetze:

v. 6. Juli 1865 (GS. S. 777), v. 16. Okt. 1866 (GS. S. 647), v. 9. Febr. 1867 (GS. S. 217).

b. die Reichsgesetze:

v. 27. Juni 1871 (RGB. S. 275) [§§ 12, 13, 48, 56, 71, 72, 90], v. 4. April 1874 (RGB. S. 25).

Siehe Anm. 8 zu Art. 3 d. A.

8b) Nicht von der Besteuerung ausgeschlossen sind die für Nichtbenutzung des Civilversorgungsscheines gewährten Bezüge.

9) Zur Zeit fallen nur die mit dem Besitze des eisernen Kreuzes verbundenen Ehrensolde unter diese Bestimmung. Anm. 9 zu Art. 3 d. A.

§ 7.[1])

Als Einkommen gelten die gesammten Jahreseinkünfte der Steuerpflichtigen[2]) in Geld und Geldeswerth aus:

1) Kapitalvermögen,
2) Grundvermögen, Pachtungen und Miethen, einschließlich des Miethswerthes der Wohnung im eigenen Hause,
3) Handel und Gewerbe[3]) einschließlich des Bergbaues,
4) Gewinn bringender Beschäftigung, sowie aus Rechten auf periodische Hebungen und Vortheile irgend welcher Art, soweit diese Einkünfte nicht schon unter Nr. 1 bis 3 begriffen sind.

1) Zum steuerpflichtigen Einkommen gehören auch die Einkünfte aus einer Erbschaft, auf welche der Zensit ein Recht hat, obwohl er sich thatsächlich noch nicht im Besitze der Erbschaft und im Bezuge der Einkünfte befindet. Entsch. d. OVG. v. 7. Febr. 1893, Entsch. i. St. Bd. I S. 168.

2) Einkünfte aus einem in Zwangsverwaltung befindlichen Familienfideikommiß sind im Sinne des Einkommensteuergesetzes

nicht als persönliche Jahreseinkünfte des Fideikommiß-Inhabers anzusehen. Entsch. d. OVG. v. 19. März 1894, Entsch. i. St. Bd. II S. 459.

3) Das im § 7 Nr. 3 als Einkommensquelle bezeichnete „Gewerbe" hat begrifflich eine erlaubte auf Gewinn und Erwerb gerichtete Thätigkeit zur Voraussetzung. Gewinn aus Kuppelei ist daher z. B. nicht steuerpflichtig. Entsch. d. OVG. v. 20. März 1893, Entsch. i. St. Bd. I S. 282.

§ 8.

Außerordentliche Einnahmen aus Erbschaften,[1] Schenkungen, Lebensversicherungen, aus dem nicht gewerbsmäßig oder zu Spekulationszwecken unternommenen Verkauf von Grundstücken und ähnliche Erwerbungen[2] gelten nicht als steuerpflichtiges Einkommen, sondern als Vermehrung des Stammvermögens und kommen ebenso wie Verminderungen des Stammvermögens nur insofern in Betracht, als die Erträge des letzteren dadurch vermehrt oder vermindert werden.

1) Vgl. Anm. 1 zu § 7.

2) Z. B. Lotteriegewinne, Einnahmen aus Spiel und Wette.

§ 9.

I. Von dem Einkommen (§. 7) sind in Abzug zu bringen:

1) die zur Erwerbung, Sicherung und Erhaltung des Einkommens verwendeten Ausgaben, einschließlich auch der unter den Kommunalabgaben begriffenen Deichlasten;[1][2][3][4][5]

2) die von den Steuerpflichtigen zu zahlenden Schuldenzinsen[6] und Renten, soweit dieselben nicht auf

Einnahmequellen haften, welche bei der Veranlagung außer Betracht zu lassen sind (§. 6 Nr. 1 und 2).

Erstreckt sich die Besteuerung lediglich auf das im §. 2 bezeichnete Einkommen, so sind nur die Zinsen solcher Schulden abzugsfähig, welche auf den inländischen Einkommensquellen haften oder für deren Erwerb aufgenommen sind;[7])

3) die auf besonderen Rechtstiteln beruhenden dauernden Lasten;[8]) [9]) [10]) [11]) [12]) [13]) [14]) [15]) [16])

4) die von dem Grundeigenthume, dem Bergbau und dem Gewerbebetriebe zu entrichtenden direkten Staatssteuern,[17]) sowie solche indirekte Abgaben, welche zu den Geschäftsunkosten zu rechnen sind;[18])

5) die regelmäßigen jährlichen Absetzungen für Abnutzung von Gebäuden, Maschinen, Betriebsgeräthschaften u. s. w., soweit solche nicht bereits unter den Betriebsausgaben verrechnet sind;[19]) [20])

6) die von den Steuerpflichtigen[21]) gesetz- oder vertragsmäßig[22]) zu entrichtenden Beiträge zu Kranken-, Unfall-, Alters- und Invalidenversicherungs-, Wittwen-, Waisen- und Pensionskassen;

7) Versicherungsprämien, welche für Versicherung des Steuerpflichtigen auf den Todes- oder Lebensfall[23]) [24]) gezahlt werden, soweit[25]) dieselben den Betrag von 600 Mark jährlich nicht übersteigen.

II. Nicht abzugsfähig sind dagegen insbesondere:

1) Verwendungen zur Verbesserung und Vermehrung des Vermögens, zu Geschäftserweiterungen, Kapital-

anlagen[26]) oder Kapitalabtragungen,[27]) welche nicht lediglich als durch eine gute Wirthschaft gebotene und aus den Betriebseinnahmen zu deckende Ausgaben anzusehen sind;[28])

2) die zur Bestreitung des Haushalts der Steuerpflichtigen[29])[30]) und zum Unterhalte ihrer Angehörigen gemachten Ausgaben, einschließlich des Geldwerthes der zu diesen Zwecken verbrauchten Erzeugnisse und Waaren des eigenen landwirthschaftlichen oder gewerblichen Betriebes.

1) Ausgaben für Versicherung des Haushaltungsmobiliars sind nicht abzugsfähig. Entsch. d. OVG. v. 14. März 1893, Entsch. i. St. Bd. I S. 281. Im Uebrigen sind die Beiträge für alle Arten der Sachversicherung abzugsfähig.

2 a) Aufwendungen zur Erhaltung eines Hausgartens, zur Anlage und Pflege eines Parks sind nicht abzugsfähig. Entsch. d. OVG. v. 6. Okt. 1892, Entsch. i. St. Bd. I S. 8 und v. 21. April 1893.

2 b) Zu den abzugsfähigen Ausgaben gehören nicht ein dem Vermiether zur Last fallendes Abstandsgeld und einmalige Aufwendungen für besondere Einrichtung der vermietheten Räume im Interesse des Miethers. Entsch. d. OVG. v. 6. April 1893, Entsch. i. St. Bd. I S. 297.

2 c) Die Kosten des beim Ankauf eines Grundstücks gezahlten Immobiliarkaufstempels stellen eine abzugsfähige Ausgabe nicht dar. Entsch. d. OVG. v. 27. Juli 1893, Entsch. i. St. Bd. II S. 171.

3) Das einem Vormunde zugebilligte Honorar gehört zu den Verwaltungskosten und ist vom Einkommen des Mündels abzuziehen. Entsch. d. OVG. v. 17. Jan. 1890, Entsch. i. St. Bd. I S. 121.

4 a) Die Aufwendungen eines Geistlichen für Amtskleidung und für Aufnahme von anderen Geistlichen bei kirchlichen Festen und dergl. sind nicht abzugsfähig. Entsch. d. OVG. v. 19. Jan. 1893, Entsch. i. St. Bd. I S. 123.

4b) Ausgaben eines Richters für Anschaffung von Büchern, die der juristischen Fachlitteratur angehören, sind nicht abzugsfähig. Entsch. d. OVG. v. 17. Juni 1893, Entsch. i. St. Bd. II S. 73.

4c) Ausgaben für Fahrten zwischen Wohnung und Arbeitsstelle sind nicht abzugsfähig. Entsch. d. OVG. v. 22. Juni 1893, Entsch. i. St. Bd. II S. 77.

4d) Die Kosten der persönlichen Ausrüstung und Bekleidung eines Offiziers, sowie der Unterhaltung der zum Dienst erforderlichen Pferde sind nicht abzugsfähig. Entsch. d. OVG. v. 2. Okt. 1893, Entsch. i. St. Bd. II S. 131.

5) Die zur Erwerbung, Sicherung und Erhaltung von Einkommensquellen verwendeten Ausgaben kommen nicht in Abzug, z. B. die zum Zweck der Erhaltung der Arbeitskraft eines Steuerpflichtigen für ärztliche Behandlung, Badereisen u. s. w. verwendeten Beträge. Entsch. d. OVG. v. 17. Jan. 1893, Entsch. i. St. Bd. I S. 121 und v. 13. März 1894, Entsch. i. St. Bd. II S. 453, auch v. 28. Sept. 1893, Entsch. i. St. Bd. II S. 454.

6a) Schuldenzinsen sind auch dann abzugsfähig, wenn das angeliehene Kapital zu Spekulationszwecken oder zur Vermögensverbesserung angelegt oder verwendet ist (Hypotheken auf Bauterrains). Entsch. d. OVG. v. 24. Nov. 1892, Entsch. i. St. Bd. I S. 48. Zu vgl. auch FME. v. 31. Jan. 1893 II. 925, Mitth. H. 26 S. 5, durch welchen der entgegengesetzte Grundsatz in Art. 24 Ziffer 4 d. A. entsprechend modifizirt worden ist.

6b) Nur Schuldenzinsen nicht Rückzahlungen auf Schulden sind abzugsfähig, siehe auch Anm. 26a und b zu diesem Paragraphen.

Nur solche Schulden dürfen berücksichtigt werden, deren Bestehen keinerlei Zweifel unterliegt. Auf Erfordern hat der Steuerpflichtige für jede Schuld Namen und Wohnort des Gläubigers, das Datum der Schuldurkunde und den Prozentsatz der Verzinsung anzugeben, auch die Zinsquittungen vorzulegen. Art. 24 Ziffer 1 d. A. — Beweisfälligkeit in Bezug auf das Bestehen behaupteter Schulden darf im Rechtsmittelverfahren nicht angenommen werden, bevor nicht eine Aufforderung an den Steuerpflichtigen in diesem

Sinne ergangen ist. Entsch. d. OVG. v. 23. Febr. 1893, Entsch. i. St. Bd. I S. 193.

6c) Schuldenzinsen sind nach ihrem Betrage für das Steuerjahr zu berechnen. Entsch. d. OVG. v. 24. Nov. 1892, Entsch. i. St. Bd. I S. 59.

6d) Rückständige Schuldenzinsen aus früheren Jahren sind nicht abzugsfähig. Entsch. d. OVG. v. 30. Okt. 1893, Entsch. i. St. Bd. II S. 294.

7) Ist ein Ausländer nur mit dem Einkommen aus preußischem Grundbesitze steuerpflichtig, so sind die Zinsen sämmtlicher, auf diesem Grundbesitze eingetragener Hypotheken abzugsfähig, sofern nur die hypothekarisch eingetragene Schuld materiell besteht und Zinsen von derselben zu entrichten sind. Entsch. d. OVG. v. 2. Okt. 1893, Entsch. i. St. Bd. II S. 107.

8) Die Abzugsfähigkeit dieser Lasten ist an die doppelte Voraussetzung geknüpft, daß sie dauernde, sich regelmäßig wiederholende Leistungen darstellen, und nicht etwa auf einer allgemeinen gesetzlichen Verpflichtung, sondern darüber hinaus auf einem besonderen Titel des Privatrechts beruhen.

9) Die Einquartierungslasten tragen den Charakter einer Reichslast und sind nicht abzugsfähig. Entsch. d. OVG. v. 7. März 1893, Entsch. i. St. Bd I S. 249.

10a) Ausgaben für die aus dem Parochialverbande sich ergebende, auf Observanz beruhende Kirchenbaulast sind nicht abzugsfähig. Entsch. d. OVG. v. 25. Mai 1893, Entsch. i. St. Bd. I S. 387.

10b) Die an eine Rentenbank zu entrichtenden Jahresrenten sind abzugsfähig. Entsch. d. OVG. v. 24. Jan. 1894, Entsch. i. St. Bd. II S. 379.

11) Der Betrag eines freiwillig oder auf Grund allgemeiner gesetzlicher Unterhaltungspflicht — z. B. an die Mutter — gewährten Zuschusses oder der für ein uneheliches Kind gezahlten Alimente darf von dem Einkommen des Gebers nicht abgezogen werden. Entsch. d. OVG. v. 27. Okt. 1892, Entsch. i. St. Bd. I S. 28 und v. 29. Juni 1893, Entsch. i. St. Bd. II S. 167.

12) Zuwendungen an gemeinnützige Institute müssen, um abzugsfähig zu sein, sich als dauernde, auf privatrechtliche Verpflichtung zurückzuführende Belastung darstellen. Entsch. d. OVG. v. 18. Mai 1893, Entsch. i. St. Bd. I S. 385.

13) Wenn einem Steuerpflichtigen durch Religionsgesetze bestimmte Leistungen an die Armen vorgeschrieben sind, so bilden diese Leistungen keine abzugsfähige Last, weil es an einem besonderen Rechtstitel und an einer erzwingbaren Verpflichtung fehlt. Entsch. d. OVG. v. 2. März 1893, Entsch. i. St. Bd. I S. 234.

14) Die vom Stiefvater gegenüber dem Stiefsohne abgegebene und von diesem der Justizbehörde eingereichte Erklärung, dem Stiefsohne den für einen Referendar standesgemäßen Unterhalt zu gewähren, begründet eine vertragsmäßige vom Einkommen des Stiefvaters abzugsfähige Verpflichtung, sofern der Stiefvater die Erklärung dem Stiefsohne in der diesem erkennbaren Absicht, sich rechtsverbindlich zu verpflichten, ausgehändigt und der Stiefsohn die Urkunde in der Absicht, die Willenserklärung des Stiefvaters zu acceptiren, in Empfang genommen hat. Entsch. d. OVG. v. 25. Sept. 1893, Entsch. i. St. Bd. II S. 82. Siehe dagegen Anm. 16 zu diesem Paragraphen.

15 a) Eine Zulage, welche der Vater seinem als Offizier oder Fähnrich dienenden Sohne auf Grund einer der Militärbehörde gegenüber übernommenen Verpflichtung gewährt, ist vom Einkommen des Vaters abzugsfähig, auch wenn die Verpflichtung nur mündlich übernommen ist. Entsch. d. OVG. v. 7. Febr. 1893, Entsch. i. St. Bd. I S. 167 und v. 25. Sept. 1893, Entsch. i. St. Bd. II S. 86.

15 b) Dasselbe gilt hinsichtlich der Zulage an einen Offizieraspiranten. Entsch. d. OVG. v. 2. Okt. 1893, Entsch. i. St. Bd. II S. 117.

16) Die zur Unterhaltung eines unbesoldeten Assessors, Referendars, Einjährig-Freiwilligen, Posteleven vom Vater gegebenen Zuschüsse sind nicht abzugsfähig, auch wenn der Vater die durch Gesetz begründete Unterhaltungspflicht, aus welcher sie entspringen, ausdrücklich durch Revers oder Vertrag anerkannt haben sollte. FME. v. 17. Febr. 1892 II. 1838. Dasselbe gilt von

den vertragsmäßig vereinbarten Zuwendungen an die im Hause des Vaters lebenden unverheiratheten Kinder, insofern die letzteren nicht selbstständig zu veranlagen sind. Entsch. d. OVG. v. 19. März 1894, Entsch. i. St. Bd. II S. 455 und v. 25. Sept. 1893, Entsch. i. St. Bd. II S. 86.

17) Vom 1. April 1895 ab sind die Grund-, Gebäude-, Gewerbesteuern und die Bergwerksabgaben nicht mehr abzugsfähig. § 5 des Ges. wegen Aufhebung direkter Staatssteuern v. 14. Juli 1893.

18a) Direkte Kommunalabgaben sind nicht abzugsfähig. Entsch. d. OVG. v. 24. April 1893, Entsch. i. St. Bd. I S. 364.

18b) Der Abzug derjenigen indirekten Abgaben, welche die Natur von Geschäftsunkosten an sich tragen, beschränkt sich dagegen nicht auf die indirekten Staatssteuern.

19) Findet die Gewinnberechnung auf Grund kaufmännischer Buchführung statt, so ist für das Maß der zulässigen Abschreibungen der kaufmännische Gebrauch bestimmend. Falls die Höhe der Abschreibung das nach allgemeinem Gebrauche übliche oder durch die besonderen thatsächlichen Verhältnisse gerechtfertigte Maß übersteigt, oder gar die Absicht einer künstlichen Herabdrückung des wirklichen Reingewinnes erkennen läßt, findet steuerlich entsprechende Reduktion statt. Zu vgl. Art. 19 d. A. Abs. 4.

20a) Die Bemessung der Höhe der regelmäßigen jährlichen Absetzung ist wesentlich Sache der Schätzung, welche die Kommissionen vornehmen können, ohne von der Befugniß zur Anhörung sogenannter Sachverständiger Gebrauch zu machen. Entsch. d. OVG. v. 2. März 1893, Entsch. i. St. Bd. I S. 235.

20b) Ein Steuerpflichtiger, der an einem Gebäude nur vertragsmäßigen Nießbrauch hat, darf sich keinen Abzug für Abnutzung des Gebäudes machen. Entsch. d. OVG. v. 24. April 1893, Entsch. i. St. Bd. I S. 364.

20c) Bei Bemessung der Abnutzung eines Gebäudes kommt nur eine Abnutzung in baulicher Hinsicht, nicht auch eine durch Veränderung äußerer wirthschaftlicher Verhältnisse bedingte eventuelle Minderung der Verwerthbarkeit des Gebäudes in Betracht. Entsch. d. OVG. v. 14. Juni 1893, Entsch. i. St. Bd. II S. 58.

20d) Bei der Bemessung der Abnutzung eines Mühlenwerks

darf nicht eine durch Veralten der Konstruktion, Sinken der Metallpreise oder dergleichen eintretende Werthverminderung in Anrechnung kommen. Entsch. d. OVG. v. 31. Jan. 1894, Entsch. i. St. Bd. II S. 391.

20e) Ueber die zulässigen Abnutzungsquoten bei Gebäuden vgl. Anm. 4 zu § 13 des Ges.

20f) Ueber die Abschreibungen auf unsichere Forderungen vgl. Anm. 4a zu § 14 des Ges.

20g) Auf Grund des § 9 I Nr. 5 und § 14 Abs. 1 des Einkommensteuergesetzes sind beim Bergbau die der jährlichen Verringerung der Substanz entsprechenden Abschreibungen als abzugsfähig anzuerkennen. Entsch. d. OVG. v. 4. April 1893, Entsch. i. St. Bd. I S. 331.

Ueber die bei Berechnung der Abschreibungen auf Substanzverringerung zu beachtenden Grundsätze zu vgl. Entsch. d. OVG. v. 19. Dez. 1888, Entsch. Bd. 17 S. 128.

21) „für seine Person". Beiträge dieser Art für Gewerbegehülfen ꝛc. kommen nicht hier, sondern als Geschäftsunkosten in Betracht; Beiträge für die zu Haushaltungszwecken angenommenen Personen sind überhaupt nicht abzugsfähig. Vgl. Art. 25 d. A.

22a) Auch die an Aktiengesellschaften zu entrichtenden Prämien für Unfallversicherung sind abzugsfähig. Entsch. d. OVG. v. 16. Jan. 1893, Entsch. i. St. Bd. I. S. 103.

22b) Die Beiträge an die Wittwen- oder Pensionskasse des deutschen Privatbeamtenvereins zu Magdeburg und die Beiträge an die Krankenkasse desselben Vereins sind als abzugsfähig anerkannt. FMG. v. 18. März 1893 II. 3619 und v. 29. März 1893 II. 4348. Mitth. H. 26 S. 7.

23) Abzugsfähig sind nur die für die Versicherung eines Kapitals oder einer Rente auf das Leben des Steuerpflichtigen selbst — nicht auch für die Versicherung auf das Leben seiner Angehörigen oder anderer Personen — gezahlten Prämien, und zwar nur für Versicherungen auf den Todes- oder den Erlebensfall (sog. abgekürzte Lebensversicherung), nicht auch für Aussteuer, Kapitalversicherungen und andere. Vgl. Art. 25 Ziffer 2 d. A.

24) Der Einkauf in sog. Sterbe- oder Begräbnißkassen ist dem

Abschluß einer Versicherung auf den Todesfall gleich zu achten, insofern sich nicht gegen diese Rechtsauffassung aus den Statuten oder der Einrichtung einer solchen Anstalt im einzelnen Falle Bedenken ergeben. FMtE. v. 13. Nov. 1891 II. 14274. Mitth. H. 25 S. 14.

25) Der Betrag von 600 Mark ist stets abzugsfähig, auch wenn der Betrag der Prämien im Ganzen ein höherer ist Art 25 Ziffer 2 c d. A.

26 a) Bei Ermittelung des steuerpflichtigen Einkommens aus Bergbau dürfen die für einzelne Bergwerksantheile (Kuxe) zu leistenden Zubußen nur insoweit in Abrechnung gebracht werden, als dieselben nicht in Folge von Kapitalanlagen zur Erweiterung des Betriebes oder zu sonstigen Verbesserungen, sondern in Folge von Ausgaben entstanden sind, welche behufs Fortsetzung des Betriebes in dem bisherigen Umfange nothwendig waren. Art. 20 Ziffer 3 d. A.

26 b) Ausgaben für Entwässerung sind nur insoweit abzugsfähig, als sie wesentlich zur Sicherung und Erhaltung des Bestehenden dienen, nicht dagegen insoweit durch dieselben der Grund und Boden überhaupt erst ertragsfähig oder doch ertragsfähiger gemacht werden soll. (Drainagen.)

27 a) Die nach dem Reglement der Pommerschen Landschaft vom Pfandbriefschuldner zu entrichtenden Amortisationsbeiträge sind nicht abzugsfähig. Entsch. d. OVG. v. 14. Febr. 1893, Entsch. i. St. Bd. I S. 181. Desgleichen nicht die an das Kur- und Neumärkische ritterschaftliche Kreditinstitut zu zahlenden Amortisationsbeiträge. Entsch. d. OVG. v. 20. Sept. 1893, Entsch. i. St. Bd. II S. 308. Desgleichen nicht die an die Schlesische Landschaft zu zahlenden Amortisationsbeiträge. Entsch. d. OVG. v. 9. Nov. 1893, Entsch. i. St. Bd. II S. 306.

27 b) Gerichtliche Gehaltsabzüge wegen Schulden können bei der Besteuerung des Einkommens der Beamten nicht berücksichtigt werden. FME. v. 13. Juli 1853 — III. 15453 —.

28) Die Worte „gute Wirthschaft" und „Deckung aus den Betriebseinnahmen" deuten an, daß hier nur geringfügige, durch gute Wirthschaft bedingte Ausgaben für Meliorationen im laufenden Betriebsjahre gemeint sind. Entsch. d. OVG. v. 24. April 1893, Entsch. i. St. Bd. I S. 366.

29) Der Aufwand für Kleidung ist von dem Einkommen des Bureauvorstehers eines Rechtsanwalts nicht abzugsfähig. Entsch. d. OVG. v. 29. Sept. 1892, Entsch. i. St. Bd. I S. 6.

30) Die Kosten für eine Dienstmagd, die zur Führung des Hausstandes an Stelle der einem besonderen Gewerbe nachgehenden Ehefrau des Steuerpflichtigen gehalten wird, sind nicht abzugsfähig. Entsch. d. OVG. v. 9. Nov. 1893, Entsch. i. St. Bd. II S. 304.

§ 10.

Feststehende Einnahmen [1] [2] sind nach ihrem Betrage für das Steuerjahr, ihrem Betrage nach unbestimmte oder schwankende Einnahmen, sowie das steuerpflichtige Einkommen der Aktiengesellschaften u. s. w (§. 16), nach dem Durchschnitte [3] der drei der Veranlagung unmittelbar vorangegangenen Jahre, [4] [5] jedoch bei der nach diesem Gesetze stattfindenden erstmaligen Veranlagung nach dem Durchschnitte zweier Jahre zu berechnen. [6] [7]

Wenn Einnahmen der letztgedachten Art noch nicht so lange bestehen, so sind sie nach dem Durchschnitte des Zeitraumes ihres Bestehens, nöthigenfalls nach dem muthmaßlichen Jahresertrage in Ansatz zu bringen. [8] [9]

Die gleichen Grundsätze gelten für die Berechnung der abzugsfähigen Ausgaben.

1) Die Thatsache allein, daß zur Zeit der Veranlagung die bedungenen Kapitalzinsen für ein Jahr nicht bezahlt, sondern im Rückstand waren, genügt nicht, um der Zinsforderung den Charakter einer feststehenden Einnahme abzusprechen. Entsch. d. OVG. v. 14. Nov. 1892, Entsch. i. St. Bd. I S. 38. Zu vgl. auch Anm. 5 zu § 12.

2) Die Diäten, welche ein Gerichtsassessor in der Eigenschaft als Hülfsrichter bezieht, sind nicht als schwankende, sondern als feststehende Einnahme zu behandeln. Entsch. d. OVG. v. 14. März 1893, Entsch. i. St. Bd. I S. 269.

3 a) Die Vorschrift, daß schwankende Einnahmen nach dem Durchschnitt der letzten drei Jahre zu berechnen sind, setzt eine im wesentlichen bestehende Gleichartigkeit der Ertragsquelle voraus. Entsch. d. OVG. v. 20. Nov. 1893. Entsch. i. St. Bd. II S. 155 und 157.

3 b) Eine der hauptsächlichsten Voraussetzungen für die Berechnung des Reineinkommens aus Handel und Gewerbe nach dem Durchschnitte ist die, daß der Charakter, der Verlauf und Umfang des Geschäftes in den beiden der Vergangenheit und der Zukunft angehörigen Zeiträumen nicht wesentlich ungleichartig sind. Entsch. d. OVG. v. 30. Jan. 1893, Entsch. i. St. Bd. I S. 144 und v. 4. Mai 1893, Entsch. i. St. Bd. I S. 372.

4) Maßgebend ist das vom Steuerpflichtigen angenommene Betriebs- oder Wirthschaftsjahr. Als das der Veranlagung unmittelbar vorangegangene Wirthschaftsjahr gilt das letzte, dessen Ergebnisse zur Zeit der Veranlagung (Steuererklärung) festgestellt werden können. Art. 5 d. A. Entsch. d. OVG. v. 20. Jan. 1893, Entsch. i. St. Bd. I S. 129.

5) Die Veranlagung ist nach dem Durchschnitt der drei unmittelbar vorangegangenen Geschäftsjahre zu bewirken, wenn auch diese Jahre mit den bei der vorhergehenden Veranlagung berücksichtigten Jahren nicht eine ununterbrochene Reihenfolge bilden. Entsch. d. OVG. v. 25. Sept. 1893, Entsch. i. St. Bd. II S. 95.

6) Die bei der Ziehung des Durchschnittes in Betracht kommenden Jahre bilden insofern eine Einheit, als der Verlust eines Jahres von dem Gewinn der anderen Jahre in Abzug gebracht wird. Art. 5 d. A. Entsch. d. OVG. v. 14. Juni 1893, Entsch. i. St. Bd. II S. 65.

7 a) Bei der Durchschnittsberechnung des Einkommens aus Gewinn bringender Beschäftigung — z. B. als Anwalt — sind die vorbedungenen Gegenleistungen — Gebühren — in demjenigen Jahre als Einnahme anzusetzen, in welchem sie verdient, wenn auch noch nicht bezahlt sind.

Bei nicht vorbedungenem Ertrage — z. B. bei Trinkgeldern eines Portiers — ist die in den Durchschnittsjahren thatsächlich bezogene Einnahme entscheidend. Entsch. d. OVG. v. 24. Jan. 1893, Entsch. i. St. Bd. I S. 136.

7b) Im Falle des Verkaufs von Holz auf dem Stamme ist der ganze erzielte Kaufpreis, ohne Rücksicht auf den Zeitpunkt der Zahlung in steuerlicher Hinsicht als Einnahme desjenigen Wirthschaftsjahres zu behandeln, in welchem der Verkauf stattgefunden hat. Entsch d. OVG. v. 31. Mai und 7. Juni 1893, Entsch. i. St. Bd. II S. 19 und 25.

8) Die Berechnung der Wirthschaftsergebnisse eines Pachtgutes kann nicht nach dem Durchschnitte von zwei bezw. drei Jahren erfolgen, wenn diese Einnahmequelle sich nur während eines Wirthschaftsjahres (allerdings neben anderem zwei bezw. drei Jahre hindurch bewirthschafteten eigenem Grundbesitze) in der Hand des Steuerpflichtigen befunden hat. Entsch. d. OVG. v. 24. Jan. 1893, Entsch. i. St. Bd. I S. 131.

9) Kann bei der Berechnung des Erträgnisses eines Gewerbebetriebes wegen der Kürze seines Bestehens eine Durchschnittsberechnung nicht stattfinden, so tritt die Schätzung des muthmaßlichen Jahresbetrages im Steuerjahre ein. — Das erste Halbjahr eines neu begonnenen Geschäftsbetriebes gestattet in den seltensten Fällen einen Schluß auf gleichmäßigen Verbleib der Umsatz- und Einkommensverhältnisse. Entsch. d. OVG. v. 15. Mai 1893, Entsch. i. St. Bd. I S. 377.

§ 11.

Behufs der Steuerveranlagung ist dem Einkommen des Haushaltungsvorstandes das Einkommen der Angehörigen der Haushaltung zuzurechnen.

Personen, welche mit Gehalt oder Lohn zu Dienstleistungen angenommen sind, sowie Kostgänger, Untermiether und Schlafstellenmiether werden nicht zu den Angehörigen einer Haushaltung gezählt.[1])

Selbständig zu veranlagen sind:

1) Ehefrauen,[2])[3]) wenn sie dauernd[4]) von dem Ehemanne getrennt leben;

2) Kinder und andere Angehörige der Haushaltung, wenn sie ein der Verfügung des Haushaltungsvorstandes[5]) nicht unterliegendes Einkommen aus eigenem Erwerb[6]) — mit Ausschluß der Beihülfe in dem Geschäft des Haushaltungsvorstandes — oder aus anderen Quellen beziehen.[7])[8])[9])

Auf die lediglich nach §. 2 dieses Gesetzes zu veranlagenden Steuerpflichtigen finden vorstehende Bestimmungen keine Anwendung.

1) Ebensowenig Geschwister, Eltern, Schwiegereltern, entferntere Verwandte oder Verschwägerte, es sei denn, daß sie kein zur Bestreitung des nothwendigen Unterhalts ausreichendes eigenes Einkommen, auch keinen Rechtsanspruch auf zu ihrem Unterhalte ausreichende Leistungen des Haushaltungsvorstandes haben (Altentheil, Auszug u. dergl.), sondern von ihm ohne solchen Anspruch hauptsächlich unterhalten werden. Art. 6 II. d. A. Entsch. d. OVG. v. 17. Jan. 1893 und v. 15. Mai 1893, Entsch. i. St. Bd. I S. 119 und 380.

2) Die Vorschrift in Ziffer 2 des § 11 ist auf Ehefrauen nicht anzuwenden. Entsch. d. OVG. v. 17. April 1893, Entsch. i. St. Bd. I S. 322.

3) Auch das Einkommen der Ehefrau aus dem vorbehaltenen Vermögen ist dem Einkommen des Ehemannes zuzurechnen, so lange es an dem Thatbestande für eine gesonderte Veranlagung der Ehefrau fehlt. Entsch. d. OVG. v. 20. März 1893, Entsch. i. St. Bd. I S. 282.

4) Zum Begriffe der dauernden Trennung gehört die Thatsache völligen Getrenntseins wie im ehelichen Leben, so im Haushalt und in der Wirthschaftsführung und zwar herbeigeführt in der erkennbaren Absicht, die Trennung für längere Dauer festzuhalten. Entsch. d. OVG. v. 7. März 1893, Entsch. i. St. Bd. I S. 252.

5) Steht der Mutter die Verfügung über das besondere Einkommen des zu ihrer Haushaltung gehörigen Sohnes zwar in

ihrer Eigenschaft als Vormünderin zu, aber nicht kraft eigenen Rechts und im eigenen Interesse, so ist ihr dieses Einkommen nicht zuzurechnen. Entsch. d. OVG. v. 3. Febr. 1893, Entsch. i. St. Bd. I S. 151.

6) Als der Verfügung des Haushaltungsvorstandes nicht unterliegend gilt insbesondere das Einkommen:

a) aus Gewerbebetrieb, aus Arbeit oder anderer Gewinn bringender Thätigkeit außerhalb der Wirthschaft oder des Gewerbes des Haushaltungsvorstandes,

b) aus Thätigkeit in der Wirthschaft oder dem Gewerbe des Haushaltungsvorstandes, sofern dafür Gehalt oder Lohn in baarem Gelde — nicht nur ein Taschengeld — gewährt wird,

c) aus Vermögen, dessen Genuß dem Haushaltungsvorstande nicht zusteht. Art. 6 I. 2 d. A.

7) Das besondere Einkommen der nach Ziffer 2 selbständig zu veranlagenden Kinder ist dem Haushaltungsvorstande auch dann nicht anzurechnen, wenn dasselbe den Betrag von Neunhundert (900) Mark nicht übersteigt. Art. 6 I. 2 letzter Abs. d. A.

8) Der Verdienst der Tochter durch Fabrikarbeit darf dem Vater, auch wenn er ihn als Kostgeld empfängt, nicht angerechnet werden, unbeschadet der Frage, ob die Verpflegung der Tochter gegen Entgelt für ihn einen steuerpflichtigen Gewinn abwirft. Entsch. d. OVG. v. 25. Sept. 1893, Entsch. i. St. Bd. II S. 92.

9) Ueber die Anrechnungsfähigkeit der Zuwendung, die dem das Gymnasium besuchenden Sohne eines Steuerpflichtigen als Stipendium zufließt, siehe Entsch. d. OVG. v. 26. Sept. 1893, Entsch. i. St. Bd. II S. 102.

B. Besondere Vorschriften.

a. Einkommen aus Kapitalvermögen.

§ 12.

Als Einkommen aus Kapitalvermögen [1]) gelten: Zinsen, Renten und geldwerthe Vortheile aus Kapitalforderungen [2]) jeder Art, soweit solche Bezüge nicht bei Landwirthschaft-, Handel- und Gewerbetreibenden behufs Ausmittelung des steuerpflichtigen Einkommens aus Grundvermögen, Pachtungen, Handel oder Gewerbe (§§. 13, 14) als Theile des Geschäftsertrages in Rechnung zu bringen sind.

Mit dieser Maßgabe gelten als Einkommen aus Kapitalvermögen insbesondere:

a) Zinsen aus Anleihen und sonstigen verzinslichen Kapitalforderungen[3][4][5][6]) sowie aus verzinslich gewordenen Zins- und anderen Ausständen;

b) Dividenden und Zinsen, Ausbeuten und sonstige Gewinnantheile von Aktiengesellschaften,[7]) Kommanditgesellschaften auf Aktien, Gewerkschaften, Erwerbs- und Wirthschaftsgenossenschaften, und von einer stillen Gesellschaft (Artikel 250 ff. des Handelsgesetzbuchs);[8])[9])

c) Zinsen, welche in unverzinslichen Kapitalforderungen, bei denen ein höheres als das ursprünglich gegebene Kapital zurückgewährt wird, einbegriffen sind;

d) vereinnahmte Gewinne aus der zu Spekulationszwecken unternommenen Veräußerung von Werthpapieren, Forderungen, Renten u. s. w.,[10]) abzüglich etwaiger Verluste bei derartigen Geschäften.

1a) Einkommen aus Kapitalvermögen darf für die Besteuerung nur in Betracht gezogen werden, wenn bestimmte thatsächliche Umstände die Annahme rechtfertigen oder doch die Wahrscheinlichkeit begründen, daß bei dem Zensiten Kapitalvermögen vorhanden ist. Entsch. d. OVG. v. 20. Jan. 1893, Entsch. i. St. Bd. I S. 129, auch v. 6. Okt. 1892, Entsch. i. St. Bd. I S. 10.

1 b) Der Umstand, daß zu einer früheren, vor der Veranlagung liegenden Zeit Einkommen aus Kapitalvermögen vorhanden gewesen ist, berechtigt nicht ohne Weiteres zu der Annahme, daß mit solchem Einkommen auch fernerhin zu rechnen sei. Entsch. d. OVG. v. 21. Juni 1893, Entsch. i. St. Bd. II S. 74.

1 c) Ist der Zinsfuß, zu welchem ein Kapital genutzt wird, nicht genügend bekannt, so wird, falls nicht ein anderer Zinsfuß notorisch üblich ist, eine Verzinsung zu 4% angenommen. Art. 8 d. A. Entsch. d. OVG. v. 6. Okt. 1892, Entsch. i. St. Bd. I S. 10.

1 d) Soweit es sich um Einkommen aus Kapitalvermögen handelt, bleibt die Erhöhung oder Verminderung des Kurswerthes nicht veräußerter Werthpapiere außer Betracht. Art. 8 d. A.

1 e) Die von einem durch jährliche Ersparnisse aufgesammelten Kapitale aufkommenden Zinsen sind Jahreseinkünfte aus Kapitalvermögen. Hieran ändert die Art der Verwendung oder die künftige Bestimmung der Zinsen, insbesondere also auch der Umstand nichts, daß dieselben bis zum Tode des Steuerpflichtigen aufgesammelt werden sollen. FME. v. 1. Dez. 1891 II. 15932. Mitth. H. 25 S. 1.

2) Es macht keinen Unterschied, ob das Kapital in Preußen, in einem anderen Deutschen Bundesstaate, oder im Auslande angelegt ist. Art. 8 d. A.

3) Hierher gehören z. B. öffentliche und private Schuldverschreibungen, Hypotheken, Pfandbriefe, Renten-, Leibrenten- oder ähnliche Verträge ohne Unterschied, ob sie schriftlich oder mündlich abgeschlossen sind. Zur Anrechnung gelangt der für das Steuerjahr zugesicherte Jahresbetrag an Zinsen. Art. 8 a d. A. Entsch. d. OVG. v. 14. Nov. 1892, Entsch. i. St. Bd. I S. 37.

4) Die Zinsen der bei Landschaften bezw. Ritterschaften angesammelten Amortisationsfonds stellen für den Gläubiger des Guthabens, obwohl er in der Verfügung darüber beschränkt ist und die Zinsen, solange und soweit die Abhebung unterbleibt, verabredetermaßen dem Kapital zuwachsen, steuerpflichtiges Einkommen aus Kapitalvermögen dar. Entsch. d. OVG. v. 14. Febr. 1893, Entsch. i. St. Bd. I S. 181.

5) Zinsen von Staatspapieren, welche der betreffende Staat zu einem bestimmten Betrage bei der Ausgabe der Papiere zugesichert, sind, nachdem der Staat erklärt hat, daß er die Zinsen nicht mehr in der früheren Höhe, sondern nur zu einem niedrigeren Betrage oder gar nicht zahlen werde, von dem Zeitpunkte solcher Erklärung ab nicht mehr in der ursprünglichen Höhe als zugesichert, sondern als ganz weggefallen bezw. nur noch als zu dem niedrigeren Betrage zugesichert anzusehen. Entsch. d. OVG. v. 13. Febr. 1893, Entsch. i. St. Bd. I S. 172. Das Einkommen aus nothleidenden Aktien 2c., ausländischen Eisenbahngesellschaften 2c. ist nach dem dreijährigen Durchschnitt zu berechnen. Zu vergl. FME. v. 9. Jan. 1894 — II 16681/93.

6) Vgl. Anm. 1 zu § 10 des Ges.

7) Vgl. Entsch. d. OVG. v. 24. Nov. 1892, Entsch. i. St. Bd. I S. 48.

8) Art. 250 des Allg. Deutschen Handelsgesetzbuches (BGB. 1869 S. 456) lautet:

Eine stille Gesellschaft ist vorhanden, wenn sich Jemand an dem Betriebe des Handelsgewerbes eines Anderen mit einer Vermögenseinlage gegen Antheil an Gewinn und Verlust betheiligt.

Zur Gültigkeit des Vertrages bedarf es der schriftlichen Abfassung oder sonstiger Förmlichkeiten nicht."

9) Die Berechnung des Einkommens erfolgt für jede Kapitalanlage dieser Art nach dem Stande derselben zur Zeit der Veranlagung (Steuererklärung) und nach dem Durchschnitte der in den letzten drei Jahren vertheilten Dividenden u. s. w. Hat der Steuerpflichtige die Aktien u s. w. noch nicht solange in seinem Besitz, so ist der Durchschnitt nach der während seiner Besitzzeit vertheilten Dividende zu berechnen. Aus Aktien u. s. w., welche erst nach der letzten Dividendenvertheilung vom Steuerpflichtigen erworben sind, ist der muthmaßliche Jahresertrag in Ansatz zu bringen und bei dessen Veranschlagung wesentlich Rücksicht zu nehmen auf die in den letzten drei Jahren von dem betreffenden Unternehmen erzielten Erträge. Art. 8 d. A. Entsch. d. OVG. v. 5. März 1894, Entsch. i. St. Bd. II S. 441.

10a) „auch von Grundstücken" Art. 9 d. A.

10b) Soll der Gewinn aus der Veräußerung eines Grundstückes als Einkommen aus Kapitalvermögen angerechnet werden, so setzt dies voraus, daß das Vorwalten der Spekulationszwecke aus den das ganze Geschäft begleitenden Umständen in positiver Weise thatsächlich festgestellt wird. Entsch. d. OVG. v. 14. März 1893, Entsch. i. St. Bd. I S. 274 und v. 4. Juli 1893, Entsch. i. St. Bd. II S. 169. Auch v. 28. Okt. 1893 und 24. Jan. 1894, Entsch. i. St. Bd. II S. 287 und 385.

10 c) Der Kaufpreis für ein zu Spekulationszwecken verkauftes Grundstück gilt auch insoweit als schon vereinnahmt, als er dem Käufer kreditirt worden ist. Entsch. d. OVG. v. 17. April 1893, Entsch. i. St. Bd. I S. 353.

b. Einkommen aus Grundvermögen.

§ 13.

Das Einkommen aus Grundvermögen umfaßt die Erträge sämmtlicher Grundstücke, welche dem Steuerpflichtigen eigenthümlich gehören, oder aus denen ihm in Folge von Berechtigungen irgend welcher Art ein Einkommen zufließt.[1])

Von Grundstücken, welche verpachtet oder vermiethet sind,[2]) ist der Pacht- oder Miethszins, einerseits unter Hinzurechnung der dem Pächter beziehungsweise Miether obliegenden Natural- und sonstigen Nebenleistungen sowie der dem Verpächter beziehungsweise Vermiether vorbehaltenen Nutzungen, andererseits unter Abrechnung der dem letzteren verbliebenen abzugsfähigen Lasten, als Einkommen zu berechnen.

Für nicht vermiethete, sondern von dem Eigenthümer beziehungsweise Nutznießer selbst bewohnte oder sonst benutzte Gebäude ist das Einkommen nach dem Miethswerthe[3])[4]) zu bemessen; außer Ansatz bleibt der Miethswerth solcher von dem Eigenthümer beziehungsweise

Nutznießer zu seinem landwirthschaftlichen oder gewerblichen Betriebe benutzten Gebäude oder Gebäudetheile, deren Nutzungswerth in dem Einkommen aus Landwirthschafts- oder Gewerbebetrieb enthalten ist.

Bei Schätzung des Einkommens aus nicht verpachteten Besitzungen [5]) ist der durch die eigene Bewirthschaftung erzielte Reinertrag [6]) [7]) [8]) [9]) zu Grunde zu legen. Die Veranlagung solcher Betriebe, bei welchen die Erträgnisse der Substanz des Bodens entnommen werden, sowie die Veranlagung ländlicher Fabrikationszweige erfolgen nach den Grundsätzen des §. 14, soweit diese Betriebe und Fabrikationszweige nicht bei der Ertragsermittelung des Hauptbetriebes, zu welchem sie gehören, berücksichtigt werden.

Der Gewinn beim pachtweisen Betriebe der Landwirthschaft ist in gleicher Weise zu veranschlagen, wie beim Betriebe auf eigenen Grundstücken, unter Hinzurechnung des Miethswerths der mitverpachteten Wohnung.

Der Pachtzins einschließlich des Werths der etwa dem Pächter obliegenden Natural- und sonstigen Nebenleistungen ist davon in Abzug zu bringen.

1) Ausgeschlossen von der Besteuerung ist jedoch das Einkommen aus den in anderen deutschen Bundesstaaten oder in einem deutschen Schutzgebiete belegenen Grundstücken, sowie das Einkommen der nicht des Erwerbes wegen in Preußen wohnenden oder sich aufhaltenden Ausländer aus den im Auslande belegenen Grundstücken. Art. 10 d. A.

2) Zu vgl. Art. 15 und 16 d. A. Zu Art. 16 bestimmt die Cirk.Verf. d. FM. v. 18. Okt. 1892 II. 12927, Mitth. H. 25 S. 8, zusätzlich:

Stellen sich die Einnahmen des Vermiethers nach den Umständen des Falles nicht als feststehende, sondern als unbestimmte und schwankende dar, so sind sie nach dem Durchschnitt der letzten drei Jahre in Ansatz zu bringen.

3) An Orten, an welchen eine größere Zahl von Wohnungen durch Vermiethung genutzt wird, ist der Miethswerth durch Vergleichung mit dem wirklichen Miethsertrage von Wohnungen gleicher Beschaffenheit zu ermitteln. Fehlt es an solchen Vergleichsgegenständen an demselben Orte, so ist geeigneten Falls auf die Miethspreise benachbarter Ortschaften zurückzugehen. Wo auch dieses Auskunftsmittel versagt, können die Gebäudesteuer-Nutzungswerthe einen Anhalt für die Schätzung, aber auch nur einen solchen, gewähren, maßgebend sind sie nicht. Vgl. Art. 16 d. A.

4) Ueber die zulässigen Abzüge auf Abnutzung von Gebäuden siehe FME. v. 3. Febr. 1892 II. 1375, Mitth. H. 25 S. 6, und den späteren FME. v. 7. Febr. 1893 II. 1901, Mitth. H. 26 S. 4, welcher zuläßt, daß

für massive Wohngebäude in gutem Zustande 1/4 %,
für andere Wohngebäude je nach der baulichen Beschaffenheit bis zu 1/2 %

des Bauwerthes auf Abnutzung abgezogen werden.

5) Vgl. Art. 11—14 d. A. Es behandeln davon Art. 11: Einkommen aus nicht verpachteten, landwirthschaftlich benutzten Besitzungen, Art. 12: landwirthschaftliche Nebenbetriebe, Art. 13: Holzungen (Waldungen), Art. 14: Bau-, Zimmerplätze u. s. w.

6) Erträge aus dem Abtriebe von Forsten sind nur dann steuerpflichtiges Einkommen, wenn der Abtrieb nach forstwirthschaftlichen Grundsätzen als innerhalb des Bereichs einer regelmäßigen, eine Verminderung des Holzbestandkapitals nicht in sich schließenden Nutzung angesehen werden kann. Im Falle des Verkaufs von Holz auf dem Stamme ist der ganze erzielte Kaufpreis eine Einnahme desjenigen Wirthschaftsjahres, in welchem der Verkauf stattgefunden hat. Gleichgültig ist der Zeitpunkt des Abschlagens des Holzes und der Zahlung des Preises. Entsch. d. OVG. v. 31. Mai 1893 und 7. Juni 1893, Entsch. i. St. Bd. II S. 19 und 25. Siehe auch FME. v. 10. Dez. 1891 II. 15203, Mitth. H. 25 S. 4.

7) Abschreibungen auf Abnutzung für das lebende Wirthschaftsinventar sind nicht zulässig. Art. 11 Ziffer 3 d. A.

8) Die Ausgaben für den Ersatzbau eines Wirthschaftsgebäudes gehören nicht zu den abzugsfähigen Bewirthschaftungskosten. Entsch. d. OVG. v. 25. Mai 1893, Entsch. i. St. Bd. I S. 387.

9) Findet Schätzung des Reinertrages eines landwirthschaftlichen Betriebes statt, so gelten die Abnutzungsquoten für Gebäude, Inventar 2c. als bereits berücksichtigt. Entsch. d. OVG. v. 25. Mai 1893, Entsch. i. St. Bd. I S. 387.

c. Einkommen aus Handel und Gewerbe einschließlich des Bergbaues.

§ 14.

Das Einkommen aus Handel und Gewerbe einschließlich des Bergbaues[1]) besteht in dem in Gemäßheit der allgemeinen Grundsätze (§§. 6 bis 11) ermittelten Geschäftsgewinne. Mit dieser Maßgabe[2]) ist der Reingewinn aus dem Handel und Gewerbebetriebe nach den Grundsätzen zu berechnen, wie solche für die Inventur und Bilanz durch das Allgemeine Deutsche Handelsgesetzbuch vorgeschrieben sind und sonst dem Gebrauche eines ordentlichen Kaufmannes entsprechen.[3]) Insbesondere gilt dieses einerseits von dem Zuwachs des Anlagekapitals und andererseits von den regelmäßigen jährlichen Abschreibungen,[4]) welche einer angemessenen Berücksichtigung der Werthverminderung entsprechen.

Im Uebrigen gilt für die Berechnung und Schätzung des Einkommens aus Gewerbe und Handel Folgendes:

1) Die Zinsen des im Handels- oder Gewerbebetrieb angelegten eigenen Kapitals des Steuerpflichtigen sind als Theile des Geschäftsgewinnes zu betrachten.

2) Der von einer nicht nach §. 1 Nr. 4 und 5 steuerpflichtigen Erwerbsgesellschaft erzielte Geschäftsgewinn ist den einzelnen Theilhabern nach Maßgabe ihres Antheils anzurechnen.

3) Der Gewinn aus den zu Spekulationszwecken abgeschlossenen Geschäften, abzüglich etwaiger Verluste bei derartigen Geschäften, und aus der Betheiligung an derartigen Geschäften ist auch bei solchen Steuerpflichtigen, welche nicht zu den Handel- und Gewerbetreibenden gehören, nach den für das Einkommen aus Handel und Gewerbe maßgebenden Grundsätzen zu berechnen.

1) Vgl. Art. 17—20 d. A.

2 a) Durch die Fassung im ersten Absatz dieses Paragraphen soll zum Ausdruck gebracht werden, daß in erster Linie die allgemeinen Grundsätze zu gelten haben, wie sie das Einkommensteuergesetz für die Einkommensberechnung ausspricht, und daß nur, soweit keine Abweichungen von diesen allgemeinen Grundsätzen vorliegen, die Bestimmungen Anwendung zu finden haben, wie sie das Allgemeine Deutsche Handelsgesetzbuch mit Bezug auf Bilanzaufstellung aufstellt. Der Bestimmung liegt wesentlich der Gedanke zu Grunde, daß es dem Kaufmann, und zwar nicht blos den Kommanditgesellschaften auf Aktien und Aktiengesellschaften, sondern auch dem einzelnen Kaufmanne möglich sein soll, an der Hand seiner Bilanzaufstellung und Inventur ohne Weiteres, ohne Aenderung derselben seine Deklaration aufzustellen. (Siehe Aeußerung des Herrn Regierungs-Vertreters in d. Sitzung des H. d. Abg. v. 16. Febr. 1891.) Zu vgl. Entsch. d. OVG. v. 24. Nov. 1892, Entsch. i. St. Bd. I S. 59.

2b) Jede Bilanz ist daraufhin zu prüfen, ob sie nicht Ausgabeposten, Abschreibungen oder Rücklagen enthält, die vom Standpunkt eines vorsichtigen Kaufmanns zwar berechtigt sein mögen, für die Berechnung des steuerpflichtigen Einkommens aber gleichwohl auszuscheiden sind. Entsch. d. OVG. v. 24. Nov. 1892, Entsch. i. St. Bd. I S. 59.

3a) Der von einem Banquier nur vorübergehend zur Sicherstellung ausstehender Forderungen oder zu Spekulationszwecken erworbene, also den Zwecken des Gewerbebetriebes dienende Bestand an Inhaberpapieren oder Hypotheken gilt nicht als Kapitalvermögen, sondern ist bei Berechnung des Geschäftsgewinnes aus dem Gewerbebetriebe zu berücksichtigen. Entsch. d. OVG. v. 10. Okt. 1892, Entsch. i. St. Bd. I S. 14.

3b) Im Geschäftsbetriebe durch Unbeibringlichkeit einer Forderung oder durch Kursrückgang entstehende Verluste vermindern den Geschäftsgewinn, also das der Besteuerung unterliegende Reineinkommen. Entsch. d. OVG. v. 7. März 1893, Entsch. i. St. Bd. I S. 247 und Entsch. v. 18. Mai 1893, Entsch. i. St. Bd. II S. 1.

4a) Vgl. Anm. 19 und 20 zu § 9 d. Ges. Siehe auch Entsch. d. OVG. v. 24. Nov. 1892, Entsch. i. St. Bd. I S. 59. Nach gleichen Grundsätzen, wie dort angegeben, ist in Betreff der Abschreibungen auf unsichere Forderungen, sowie der Rücklagen zur Ausgleichung möglicher Verluste an denselben (Delkredere-Konto) zu verfahren. Art. 19 d. A. Die Kürzung des Effektivverlustes an Forderungen von dem Gewinne der Durchschnittsperiode schließt die Berücksichtigung eines Delkrederefonds in der Bilanz nicht aus. Entsch. d. OVG. v. 24. April 1893, Entsch. i. St. Bd. I S. 361. Jedoch die Entsch. d. OVG. v. 27. Sept. 1893, Entsch. i. St. Bd. II S. 176 führt aus, daß gegenüber den im Delkrederekonto behufs Richtigstellung der Bewerthung unsicherer Forderungen bewirkten Abschreibungen die betreffenden Forderungen in ihrem ganzen Sollbetrage in Einnahme gestellt sein müssen.

4b) Eine in der Bilanz enthaltene Abschreibung darf nicht deshalb verworfen werden, weil sie bei der Inventuraufnahme noch nicht berücksichtigt ist. Entsch. d. OVG. v. 27. Febr. 1893, Entsch. i. St. Bd. I S. 196.

d. Einkommen aus Gewinn bringender Beschäftigung und aus Rechten auf periodische Hebungen u. s. w.[1])

§ 15.

Das Einkommen aus Gewinn bringender Beschäftigung, sowie aus Rechten auf periodische Hebungen und Vortheile irgend welcher Art umfaßt insbesondere den Verdienst der Arbeiter, Dienstboten und Gewerbegehülfen,[2]) die Besoldung der Militärpersonen und Beamten jeder Art,[3]) ferner den Gewinn aus schriftstellerischer,[4]) künstlerischer, wissenschaftlicher, unterrichtender[5]) oder erziehender Thätigkeit, sowie Wartegelder, Pensionen und sonstige fortlaufende[6]) Einnahmen, welche nicht als Jahresrenten eines beweglichen oder unbeweglichen Vermögens anzusehen sind, endlich solche Rentenbezüge, welche an die Person des Empfangsberechtigten geknüpft sind.[7])

Das Einkommen aus Dienstwohnungen[8]) ist nach dem ortsüblichen Miethswerthe, jedoch nicht höher als mit fünfzehn vom Hundert des baaren Gehalts des Berechtigten in Ansatz zu bringen. Soweit Dienstwohnungen vermiethet sind, ist der Miethszins nach Maßgabe der Bestimmungen im §. 13 Absatz 2 anzurechnen.

Bei Militärpersonen, Reichsbeamten, unmittelbaren und mittelbaren Staatsbeamten, Geistlichen und Lehrern an öffentlichen Unterrichtsanstalten ist der zur Bestreitung des Dienstaufwandes[9]) bestimmte Theil des Diensteinkommens außer Ansatz zu lassen.

1) Zu vgl. Art. 21—23 d. A.

2 a) Als steuerpflichtiges Einkommen gelten auch die dem Angestellten eines Bankinstituts neben den Gehaltsbezügen vertragsmäßig alljährlich auf ein besonderes Konto gutgeschriebenen Beträge nebst den alljährlich davon gutgeschriebenen Zinsen, obwohl dieses Guthaben während der Dauer des Dienstvertrages nicht abgehoben werden darf. Entsch. d. OVG. v. 6. Okt. 1892, Entsch. i. St. Bd. I S. 12.

2 b) Der dem Angestellten einer Aktiengesellschaft vertragsmäßig zugesicherte Gewinnantheil an dem Ertrage des Gewerbebetriebes der Gesellschaft ist als Einkommen aus gewinnbringender Thätigkeit anzusehen. Entsch. d. OVG. v. 20. Okt. 1892, Entsch. i. St. Bd. I S. 18.

2 c) Die Anrechnung der Gratifikationen als steuerpflichtiges Einkommen hat lediglich die thatsächliche in gewisser Stetigkeit wiederholte, in Anerkennung geleisteter oder zu leistender Dienste gewährte Zuwendung zur Voraussetzung; Erzwingbarkeit im Rechtswege ist nicht erforderlich. Entsch. d. OVG. v. 6. März 1893, Entsch. i. St. Bd. I S. 240. Daher sind die sogen. Weihnachtsgratifikationen der kaufmännischen Angestellten steuerpflichtiges Einkommen, auch wenn sie nicht auf ausdrücklicher Vereinbarung beruhen. Art. 2 Ziffer 21 d. A.

2 d) Trinkgelder, auf welche der Steuerpflichtige, wie z. B. Kellner, Portiers u. s. w., nach den thatsächlich bestehenden Verhältnissen als beständige Einnahmequelle angewiesen ist, bilden steuerpflichtiges Einkommen aus gewinnbringender Beschäftigung. Entsch. d. OVG. v. 19. Jan. 1893, Entsch. i. St. Bd. I S. 127. Die den Pferdebahnschaffnern von den Fahrgästen zufließenden Trinkgelder sind dagegen als steuerpflichtiges Einkommen nicht anzusehen. Entsch. d. OVG. v. 21. Dez. 1893, Entsch. i. St. Bd. II S. 345.

2 e) Die von dem Privatsekretär eines Rechtsanwalts neben dem Gehalt durch selbstständige Thätigkeit in schwankender Höhe erzielten Einnahmen sind als Einkommen aus Gewinn bringender Beschäftigung nach dem Durchschnitt der Vorjahre steuerpflichtig, ohne daß es auf die Ergiebigkeit und Regelmäßigkeit des

Bezuges ankommt. Entsch. d. OVG. v. 3. Nov. 1892, Entsch. i. St. Bd. I S. 33.

3a) Keinen Unterschied macht es, unter welcher Bezeichnung (Gehalt, Remuneration, Diäten, Wohnungsgeldzuschuß, Servis u. s. w.) die Besoldung der Beamten gewährt wird; ebensowenig kommt es darauf an, ob dieselbe etatsmäßig und bei der Pensionirung anrechnungsfähig ist oder nicht. Außer den baaren Einnahmen ist auch der Geldwerth der etwaigen Naturalbezüge zu berücksichtigen. Art. 21 Ziffer 2 Abs. 2 und Ziffer 3 Abs. 1 d. A.

3b) Die einem Forstassessor für die Berufung in eine amtliche Thätigkeit „bis auf Weiteres" bewilligte diätarische Remuneration ist als steuerpflichtiges Einkommen anzusehen, wenngleich dieselbe nur tageweise fixirt und postnumerando zahlbar ist. Entsch. d. OVG. v. 14. März 1893, Entsch. i. St. Bd. I S. 278.

3c) Die diätarische Remuneration eines auf unbestimmte Zeit einem Amtsgerichte als Bureau-Hülfsarbeiter überwiesenen Gerichtsaktuars ist steuerpflichtig. Entsch. d. OVG. v. 18. Mai 1893, Entsch. Bd. I S. 382. Der preußische Gerichtsassessor als solcher hat zur Zeit überhaupt kein Staatseinkommen. Erst mit der Bestellung zum Hülfsrichter gelangt die Einkommensquelle aus gewinnbringender Beschäftigung zur Entstehung. Entsch. d. OVG. v. 14. März 1893, Entsch. i. St. Bd. I S. 269. Zu vergl. auch Anm. 2 zu § 10.

3d) Der Steuerpflicht unterliegen auch einmalige Einnahmen der Beamten, sofern sie nur unter den Begriff der Besoldung unterstellt werden können. Die einem Regierungssekretär herkömmlich gewährten Remunerationen sind, da sie eine Vergütung für die dienstliche Thätigkeit darstellen, steuerpflichtig. Entsch. d. OVG. v. 25. Sept. 1893, Entsch. i. St. Bd. II S. 98. Vgl. auch FME. v. 20. März 1893 II 2964. Mitth. H. 26 S. 3.

3e) Steuerpflichtige Lokalzulagen und Stellenzulagen:

Die sog. Stellenzulagen der höheren Militärs und Militärbeamten gelten als wirkliche Gehaltstheile, da sie nicht die Entschädigung für einen bestimmten Dienstaufwand bilden. (FME. v. 15. Aug. 1851 — III. 18069 —.)

Die sog. Lokalzulagen der gesandtschaftlichen Beamten sind als steuerpflichtiges Einkommen zu betrachten (FME. v. 31. März 1852 — III. 7020), siehe jedoch § 1 Nr. 1c und § 6 Nr. 4.

Die Zulagen, welche den als Lehrer bei der Oberfeuerwerkerschule fungirenden Offizieren gewährt werden, und die Zulagen der etatsmäßigen Offiziere der Artillerieschießschule sind als Dienstaufwandsentschädigung im Sinne der Steuergesetzgebung nicht anzusehen, und demnach steuerpflichtig. (KME. v. 6. März 1879 — AKD. 2767/5 — u. KME. v. 17. Aug. 1881 — A. I. 119. 8 —, FME. v. 27. April 1889 — II. 5335 —.)

4) Siehe Entsch. d. OVG. v. 6. März 1893, Entsch. i. St. Bd. I S. 238.

5) FME. v. 4. Sept. 1858 — III. 19845 —. Auszug.

Die Seitens der Universitätslehrer gestundeten Kollegienhonorare dürfen bei der Veranlagung zur Einkommensteuer nicht außer Betracht bleiben.

6) Einmalige Zuwendungen dieser Art werden dem steuerpflichtigen Einkommen nicht hinzugerechnet. Daher sind die den Hinterbliebenen von Reichs- und Staatsbeamten und Pensionären zustehenden Bezüge des Gnadenquartals bezw. des Gnadenmonats bei der Veranlagung der Hinterbliebenen außer Ansatz zu lassen. Dasselbe gilt bezüglich der den Hinterbliebenen der mittelbaren Staatsbeamten, Lehrer und Geistlichen zustehenden Gnadenbezüge, soweit die Dauer dieser Bezüge nicht im einzelnen Falle die für die Hinterbliebenen der unmittelbaren Staatsbeamten maßgebende Gnadenzeit übersteigt. Art. 23 Ziffer 1 d. A.

7) Nur solche fortlaufende Hebungen gelten als steuerpflichtiges Einkommen, welche auf einem besonderen Rechtstitel (z. B. Vertrag, Verschreibung, letzwillige Verfügung, rechtsgültige Verleihung von zuständiger Stelle) beruhen. Unterstützungen und andere Zuwendungen, deren Entrichtung überhaupt oder deren Betrag von dem freien Willen des Gebers abhängt, sind, auch wenn dieselben sich thatsächlich wiederholen, zur Anrechnung nicht geeignet. Vgl. Entsch. d. OVG. v. 12. Dez. 1892, Entsch. i. St. Bd. I S. 74 und v. 7. Nov. 1892, Entsch. i. St. Bd. I S. 34. Dasselbe gilt von Leistungen — z. B. der Eltern an ihre Kinder — welche auf der

gesetzlichen Unterhaltungspflicht beruhen, auch wenn dieselben vertragsmäßig anerkannt oder richterlich festgestellt sind. Art. 23 Ziffer 2 d. A. Vgl. hierzu Anm. 11—16 zu § 9 des Ges.

8) Der § 15 Abs. 2 des Ges. bezieht sich nur auf die Fälle, in welchen ein Beamter eine freie Dienstwohnung inne hat. Entrichtet der Beamte — sei es durch einen Abzug an der Besoldung, sei es durch den Verlust des ihm zustehenden Wohnungsgeldzuschusses — dafür eine Vergütung, so ist nicht der Werth der Wohnung, wohl aber der volle Betrag des gesetzlichen Wohnungsgeldzuschusses dem steuerpflichtigen Einkommen hinzuzurechnen und zwar ohne Rücksicht darauf, ob die Wohnung mehr oder weniger werth ist als der Wohnungsgeldzuschuß. Entsch. d. OVG. v. 16. Jan. 1893, Entsch. i. St. Bd. I S. 111.

9 a) Als Dienstaufwand gelten insbesondere: Die Zulagen der Kreisschulinspektoren im Nebenamte, ferner der Regiments- und Bataillons-Adjutanten, der Etappeninspekteure, der Kompagnieführer der Landwehr, der mit der Führung von Landwehr-Bataillonen betrauten pensionirten oder zur Disposition gestellten Offiziere, der Landwehr-Bezirks-Kommandeure, der untersuchungsführenden Offiziere, der Hauptleute und Lieutenants beim Eisenbahn-Regiment, der zur Dienstleistung beim großen Generalstabe kommandirten Offiziere, der dienstthuenden Flügeladjutanten Sr. Maj. des Königs und der persönlichen Adjutanten J. Kgl Hoheiten der Prinzen; die Diäten der Militärattaché's bei den Botschaften und bei den Gesandtschaften. Anm. 18 zu Art. 22 d. A.

9 b) Die einem Offizier anstatt eines Burschen etatsmäßig in Geld gewährte Burschenzulage unterliegt nicht der Steuerpflicht. Entsch. d. OVG. v. 16. Okt. 1893, Entsch. i. St. Bd. II S. 138.

9 c) Für Auszahlungen und Leistungen an den Burschen darf ein Offizier über den Burschenservis hinaus nichts in Abzug bringen. Entsch. d. OVG. v. 16. Okt. 1893.

9 d) Die Kosten der persönlichen Ausrüstung und Bekleidung eines Offiziers, sowie der Unterhaltung der zum Dienst erforderlichen Pferde sind nicht abzugsfähig. Entsch. d. OVG. v. 2. Okt. 1893, Entsch. i. St. Bd. II S. 131.

9e) Der einem Marine-Offizier bestimmungsmäßig zustehende Servisszuschuß ist für die Zeit, während welcher er wegen eines Kommandos an Bord nicht gewährt wird, als Theil des steuerpflichtigen Einkommens nicht anzusehen. Entsch. d. OVG. v. 16. Okt. 1893, Entsch. i. St. Bd. II S. 143.

9f) Um einen Theil des Pfarreinkommens als zur Bestreitung des Dienstaufwandes bestimmt erscheinen zu lassen, genügt es, daß bei Besetzung dieser Pfarrstelle die betheiligten Organe bezw. Personen, wenn auch nur stillschweigend darüber einig waren, daß, anstatt eines jeweiligen besonderen Ersatzes der Dienstaufwandskosten, eine in ihrem Betrage nicht weiter festgestellte Entschädigung in dem ungetheilten Diensteinkommen inbegriffen sei. Entsch. d. OVG. v. 9. März 1893, Entsch. i. St. Bd. I S. 254. Zu vgl. auch Entsch. d. OVG. v. 17. Febr. 1894, Entsch. i. St. Bd. II S. 427.

9g) Die Aufwendungen für Kleidung sind von dem Einkommen des Bureauvorstehers eines Rechtsanwalts weder als Geschäftsunkosten noch als Dienstaufwand abzugsfähig. Entsch. d. OVG. v. 29. Sept. 1892, Entsch. i. St. Bd. I S. 6.

9h) Reisekostenvergütungen und solche Tagegelder, welche an Militärpersonen oder Beamte für Dienstreisen und für die Dauer ihrer vorübergehenden Beschäftigung außerhalb ihres Wohnortes gewährt werden, sind als Entschädigung für Dienstaufwand steuerfrei, auch wenn sie für den bestimmten Zweck nicht gänzlich verbraucht werden. (Siehe jedoch Anm. 3b und 3c zu diesem Paragraphen.) Dies gilt auch von den Diäten der Mitglieder des Abgeordnetenhauses und anderer Körperschaften, sowie der Mitglieder der Gebäude-, Gewerbe- und Einkommensteuerkommissionen. Art. 22 Ziffer 4b, c d. A.

9i) Die dem Lokomotiv- und Fahrpersonal der Eisenbahnen bei Ausübung des Fahrdienstes gewährten Fahr-, Meilen- und Uebernachtungsgelder, ferner die den Lokomotivführern und Heizern für Nachtfahrten, den Schaffnern für längeren Aufenthalt bewilligten Vergütungen sind als Dienstaufwandsentschädigungen zu betrachten und steuerfrei. Prämien für ersparten Coaks, Oel u. s. w., welche den Lokomotivführern, Heizern u. s. w. gewährt werden, sind dagegen steuerpflichtig. Anm. 19 zu Art. 22 d. A.

9k) Bezüge, welche an Privatbeamte gegeben werden, nicht zu ihrem persönlichen Verbrauch, sondern zur Bestreitung bestimmter mit ihren vertragsmäßigen Verrichtungen verbundener Unkosten bilden kein Reineinkommen und sind dem steuerpflichtigen Einkommen nicht zuzurechnen. Die Privatbeamten haben auf Erfordern den Nachweis zu liefern, daß die in bestimmter Höhe gewährte Dienstaufwandsentschädigung in der That in ihrem vollen Betrage für die mit ihren dienstlichen Verrichtungen verbundenen Ausgaben Verwendung findet. Art. 22 Ziffer 2 d. A.

9l) Die Spesen, welche ein Geschäftsreisender außer seinem Gehalt für die Zeit seiner Reisen zur Bestreitung des Unterhalts während der Reise empfängt, stellen nicht ohne Weiteres steuerpflichtiges Einkommen dar, sondern nur insoweit als aus der Reiseentschädigung ein Ueberschuß verbleibt. Entsch. d. OVG. v. 13. März 1893, Entsch. i. St. Bd. I S. 259.

e. Einkommen der Aktiengesellschaften 2c.

§ 16.

Als steuerpflichtiges Einkommen der im §. 1 Nr. 4 und 5 bezeichneten Steuerpflichtigen gelten unbeschadet der Vorschrift im §. 6 Nr. 1 die Ueberschüsse,[1]) welche als Aktienzinsen oder Dividenden, gleichviel unter welcher Benennung, unter die Mitglieder vertheilt werden,[2]) und zwar

unter Hinzurechnung der zur Tilgung der Schulden[3]) oder des Grundkapitals,[4]) zur Verbesserung oder Geschäftserweiterung,[5]) sowie zur Bildung von Reservefonds[6]) — soweit solche nicht bei den Versicherungsgesellschaften zur Rücklage für die Versicherungssummen bestimmt sind [7]) — verwendeten Beträge,

jedoch nach Abzug von 3½ Prozent des eingezahlten [8]) Aktienkapitals. [9]) An Stelle des letzteren tritt bei eingetragenen Genossenschaften die Summe der eingezahlten Geschäftsantheile der Mitglieder, bei Berggewerkschaften das aus dem Erwerbspreise und den Kosten der Anlage und Einrichtung beziehungsweise Erweiterung des Bergwerks sich zusammensetzende Grundkapital oder, soweit diese Kosten vor dem 1. April 1892 aufgewendet sind, nach Wahl [10]) der Pflichtigen der zwanzigfache Betrag der im Durchschnitt der letzten vier [11]) Jahre vor dem Inkrafttreten dieses Gesetzes vertheilten [12]) Ausbeute.

Im Falle des §. 2b gilt als steuerpflichtiges Einkommen derjenige Theil der vorbezeichneten Ueberschüsse, welcher auf den Geschäftsbetrieb in Preußen beziehungsweise auf das Einkommen aus Preußischem Grundbesitz entfällt.

Der Kommunalbesteuerung ist das ermittelte Einkommen ohne den Abzug von 3½ Prozent zu Grunde zu legen.

1a) Voraussetzung der Veranlagung einer Aktiengesellschaft ist das Vorhandensein eines Ueberschüsse ergebenden Abschlusses für eine Geschäftsperiode, in der die Aktiengesellschaft bestanden hat. Entsch. d. OVG. v. 13. März 1893, Entsch. i. St. Bd. I S 264. Bei einer Aktiengesellschaft kann vor Deckung eines etwa eingetretenen Verlustes von einem Gewinn keine Rede sein. Ein Unterschied zwischen Kapital- und sonstigen Verlusten besteht in dieser

Hinsicht nicht. Entsch. d. OVG. v. 6. März 1892, Entsch. i. St. Bd. I S. 241.

1b) Ob Zuschüsse eines Dritten in die Kasse einer Aktiengesellschaft steuerpflichtig sind, hängt von dem Rechtsverhältnisse ab, durch welches die Zuschüsse veranlaßt sind. Entsch. d. OVG. v. 10. April 1893, Entsch. i. St. Bd. I S. 343.

1c) Behufs Ermittelung des steuerpflichtigen Einkommens einer Kommanditgesellschaft auf Aktien kommen auch diejenigen Ueberschüsse in Anrechnung, welche vertragsmäßig auf die persönlich haftenden Gesellschafter als Remuneration für ihre Mühewaltung vertheilt werden. Entsch. d. OVG. v. 14. Febr. 1893, Entsch. i. St. Bd. I S. 175.

1d) Der von einer Aktiengesellschaft oder Kommanditgesellschaft auf Aktien durch Ausgabe neuer Aktien zu einem den Nominalwerth übersteigenden Kurse erzielte sog. Agiogewinn bildet einen Theil des steuerpflichtigen Einkommens. Entsch. d. OVG. v. 27. März 1893, Entsch. i. St. Bd. I S. 292.

1e) Vertheilt eine Zuckerfabrik-Aktiengesellschaft die Fabrikationsabgänge wie Rübenköpfe, -Schwänze und -Schnitzel an diejenigen Aktionäre, welche die Rüben geliefert haben, so ist der Werth der Abgänge dem steuerpflichtigen Einkommen der Gesellschaft zuzurechnen. Entsch. d. OVG. v. 7. Okt. 1893 und v. 24. Febr. 1894, Entsch. i. St. Bd. II S. 220, 229 und 234.

1f) Entnahmen aus dem Extrareservefonds zur Deckung für Kursverluste an dem Effektenbesitz sind nicht zum steuerpflichtigen Einkommen der Aktiengesellschaften zu rechnen. Entsch. d. OVG. v. 28. Febr. 1893, Entsch. i. St. Bd. I S. 210.

1g) Die Tantiemen, welche Direktoren oder Aufsichtsräthe für ihre Thätigkeit in Wahrnehmung der Geschäfte der Gesellschaft beziehen, sind als Besoldung anzusehen, welche die Aktiengesellschaften bei der Berechnung ihres steuerpflichtigen Reineinkommens als Geschäftsunkosten berechnen und daher in Abzug bringen können. Art. 27 I a d. A.

1h) Der § 8 des Einkommensteuerges. findet bei Beantwortung der Frage, was zu den Ueberschüssen einer Aktiengesellschaft rc. gehört, keine Anwendung. Entsch. d. OVG. v. 23. Nov. 1893, Entsch. i. St. Bd. II S. 325.

2a) Ob die Dividende baar ausgezahlt oder dem Geschäftsguthaben zugeschrieben ist, macht keinen Unterschied. Art. 27 I a d. A.

2b) Als steuerpflichtiges Einkommen der Aktiengesellschaften ꝛc. gelten nicht alle Ueberschüsse schlechthin, sondern nur solche, welche vertheilt oder zu einem der im Gesetze speziell angegebenen Zwecke verwendet sind. Die zur Tilgung einer Unterbilanz aus Vorjahren dienenden Beträge sind dem Einkommen nicht hinzuzurechnen. Entsch. d OVG. v. 27. März 1893, Entsch. i. St. Bd. I S. 288.

3a) Die zur Tilgung von Schulden verwendeten Beträge sind dem steuerpflichtigen Einkommen nur hinzuzurechnen, wenn diese Beträge den Ueberschüssen entnommen sind. Entsch. d. OVG. v. 27. Febr. 1893, Entsch. i. St. Bd. I S. 206. Siehe auch Entsch. d. OVG. v. 23. Nov. 1893, Entsch. i. St. Bd. II S. 331.

3b) Bei solchen, in den Bilanzen einer Aktiengesellschaft gebuchten Anleihebeträgen, die ausgeloost und fällig geworden, aber nicht abgehoben sind, liegt eine Verwendung zur Schuldentilgung nicht vor. Entsch. d. OVG. v 17. Febr. 1894, Entsch. i. St. Bd. II S. 430.

4) Vgl. Entsch. d. OVG. v. 13. März 1893, Entsch. i. St. Bd. I S. 266.

5) Als zur Verbesserung oder Geschäftserweiterung verwendet gelten diejenigen Ausgaben, welche weder zur Deckung von laufenden Betriebsunkosten, noch zur Erhaltung und Fortführung des Betriebes in dem bisherigen Umfange dienen, sondern mit welchen Einrichtungen oder Anlagen zur Erzielung eines höheren Ertrages oder zur Ausdehnung des Betriebsumfanges bestritten werden. Art. 27 Ziffer 1 d. A. Siehe Entsch. d. OVG. v. 23. Nov. 1893, Entsch. i. St. Bd. II S. 331.

6a) Beträge, welche aus den Ueberschüssen zurückbehalten werden, um etwaige künftige Verluste zu decken, denen das bei Kommanditen betheiligte Kapital der Aktiengesellschaft möglicher Weise ausgesetzt ist, gelten als Reservefonds. Entsch. d. OVG. v. 27. Febr. 1893, Entsch. i. St. Bd. I S. 200.

6b) Rücklagen zur Deckung eines möglichen und befürchteten Verlustes aus dem Geschäftsbetriebe im allgemeinen (conto dubio) stellen sich als Reservefonds dar. Entsch. d. OVG. v. 6. März 1893, Entsch. i. St. Bd. I S. 241.

6c) Dem Reservefonds stehen diejenigen Beträge gleich, welche aus den Ueberschüssen zu außerordentlichen, über das Maß der regelmäßigen Abschreibungen hinausgehenden Absetzungen verwendet werden. Art. 27 Ziffer 1 d. A. Siehe auch Entsch. d. OVG. v. 20. März 1893, Entsch. i. St. Bd. I S. 285, v. 31. Mai 1893, Entsch. i. St. Bd. II S. 36, v. 10. Juni 1893, Entsch. i. St Bd. II S. 49, v. 27. Sept. 1893, Entsch. i. St. Bd. II S. 194.

6d) Hat die Eintragung von Beträgen auf einen Erneuerungsfonds die Bedeutung, eine gleich hohe (an sich zulässige) Abschreibung auf Grundstücke u. s. w. der Gesellschaft zu bewirken, so ist die diesem Fonds überwiesene Summe nicht steuerpflichtig. Entsch. d. OVG. v. 11. Okt. 1893.

6e) Ueber die Zulässigkeit der Abzüge auf Substanzverminderung bei Berggewerkschaften siehe Entsch. d. OVG. v. 4. April 1893, Entsch. i. St. Bd. I S. 331 und 338 und v. 11. Okt. 1893.

6f) Eine in der Bilanz enthaltene Abschreibung darf nicht deshalb verworfen werden, weil sie bei der Inventuraufnahme noch nicht berücksichtigt ist. Die rechtsgültige Aufstellung der Bilanz erfolgt durch die Genehmigung der Generalversammlung. Entsch. d. OVG. v. 27. Febr. 1893, Entsch. i. St. Bd. I S. 196.

6g) Abschreibungen auf Grundstückskonto für eine Entwerthung des bloßen fundus sind nicht zulässig. Entsch. d. OVG. v. 24. Febr. 1894, Entsch. i. St. Bd. II S. 334.

7) Eine Anfrage eines Kommissions-Mitgliedes, ob unter den nach Abs. 2 von der Besteuerung freigelassenen Beiträgen zu den Reservefonds der Lebensversicherungsgesellschaften sowohl die Rücklagen in den Prämienreservefonds, als auch diejenigen in die sog. Gewinn- oder Dividendenreservefonds der Versicherten zu verstehen seien, wurde von dem Herrn Finanzminister bejahend beantwortet. Siehe auch Art. 27 d. A.

8a) Der Abzug von $3^1/_2$ % wird nur von dem eingezahlten, aber nicht von dem uneingeforderten Theile des Grundkapitals berechnet, mögen dafür auch Verbindlichkeitsdokumente, Wechsel ꝛc. hinterlegt sein. Entsch. d. OVG. v. 17. April 1893, Entsch. i. St. Bd. I S. 311.

8 b) Der amortisirte Theil des Grundkapitals scheidet bei der Berechnung des Abzugs von 3½ % aus, auch wenn den Inhabern der zurückgezahlten Aktien sog. Genußscheine mit Anrecht auf Superdividenden ertheilt sind. Entsch. d. OVG. v. 30. Jan. 1893, Entsch. i. St. Bd. I S. 148.

8 c) Bei Berechnung des Abzuges von 3½ % ist das im Laufe des Geschäftsjahres erhöhte Aktienkapital nicht nur pro rata temporis, sondern mit dem vollen eingezahlten Betrage zu berücksichtigen, auch wenn dasselbe ein Anrecht auf Dividende noch nicht gewährt. Entsch. d. OVG. v. 16. Jan. 1893, Entsch. i. St. Bd. I S. 99.

9) Wenn in einem für die Durchschnittsberechnung maßgebenden Jahre ein den vollen Abzug der 3½ % ermöglichender Ueberschuß nicht vorhanden ist, in einem andern dagegen der erzielte Ueberschuß die 3½ % übersteigt, so kommt bei Ziehung des Durchschnitts der Fehlbetrag des ersteren Jahres in Abzug. Entsch. d. OVG. v. 28. Febr. 1893, Entsch. i. St. Bd. I S. 215 und Entsch. d. OVG. v. 27. Sept. 1893, Entsch. i. St. Bd. II S. 187.

10 a) Macht eine Berggewerkschaft von dem Wahlrecht Gebrauch, so ist nur die thatsächlich erzielte Ausbeute zu berücksichtigen. Neben dem Zwanzigfachen der vertheilten Ausbeute kommt der Erwerbspreis nicht zur Anrechnung. Entsch. d. OVG. v. 15. Dez. 1892, Entsch. i. St. Bd. I S. 97.

10 b) Will oder kann eine Gewerkschaft keinen der ihr zur Feststellung des Grundkapitals gesetzlich gegebenen Wege gehen, so entscheidet über die Höhe des Abzugs von 3½ % das Ermessen der Veranlagungsbehörden. Entsch. d. OVG. v. 27. Mai 1893, Entsch. i. St. Bd. II S. 11.

11) Das sind diejenigen vier vor dem 20. Juli 1891 liegenden Wirthschaftsjahre, welche zur Zeit der Steuererklärung in ihren Ergebnissen festgestellt werden konnten. Entsch. d. OVG. v. 28. Febr. 1893, Entsch. i. St. Bd. I S. 224.

12) Bei Berechnung des Grundkapitals der Berggewerkschaften nach Maßgabe der Ausbeute kommt es nur auf die thatsächlich vertheilte Ausbeute an, ohne daß davon eine Absetzung für Substanzverminderung stattfindet. Entsch. d. OVG. v. 4. April 1893, Entsch. i. St. Bd. 1 S. 338.

II. Steuersätze.

1. Steuertarif.

§ 17.

Die Einkommensteuer beträgt jährlich bei einem Einkommen

von mehr als: Mark	bis einschließlich: Mark	Mark
900	1 050	6
1 050	1 200	9
1 200	1 350	12
1 350	1 500	16
1 500	1 650	21
1 650	1 800	26
1 800	2 100	31
2 100	2 400	36
2 400	2 700	44
2 700	3 000	52
3 000	3 300	60
3 300	3 600	70
3 600	3 900	80
3 900	4 200	92
4 200	4 500	104
4 500	5 000	118

von mehr als: Mark	bis einschließlich: Mark	Mark
5 000	5 500	132
5 500	6 000	146
6 000	6 500	160
6 500	7 000	176
7 000	7 500	192
7 500	8 000	212
8 000	8 500	232
8 500	9 000	252
9 000	9 500	276
9 500	10 500	300

Sie steigt bei höheren Einkommen

von mehr als Mark	bis einschließlich Mark	in Stufen von Mark	um je Mark
10 500	30 500	1 000	30
30 500	32 000	1 500	60
32 000	78 000	2 000	80
78 000	100 000	2 000	100

Bei Einkommen von mehr als 100 000 Mark bis einschließlich 105 000 Mark beträgt die Steuer 4 000 Mark und steigt bei höheren Einkommen in Stufen von 5 000 Mark um je 200 Mark.

2. Ermäßigung der Steuersätze.[1])

§ 18.

Für jedes, nicht nach §. 11 selbständig zu veranlagende Familienglied[2]) unter 14 Jahren, wird von dem steuerpflichtigen Einkommen des Haushaltungsvorstandes, sofern dasselbe den Betrag von 3000 Mark nicht übersteigt, der Betrag von 50 Mark in Abzug[3]) gebracht, mit der Maßgabe, daß bei Vorhandensein von drei oder mehr Familienmitgliedern dieser Art auf jeden Fall[4]) eine Ermäßigung um eine Stufe stattfindet.[5])

1) Bei der Veranlagung der nach § 2 des Ges. beschränkten Steuerpflichtigen ist die Anwendbarkeit der §§ 18 und 19 des Ges. ausgeschlossen. Entsch. d. OVG. v. 16. Okt. 1893, Entsch. i. St Bd. II S. 145.

2) Im Sinne des § 18 gehört ein in der Haushaltung des Großvaters lebender Enkel zu den Mitgliedern der Familie des Großvaters. Entsch. d. OVG. v. 15. Febr. 1894, Entsch. i. St. Bd. II S. 425.

3) Diese Bestimmung hat eine sehr erhebliche Tragweite. Um völlige Steuerfreiheit zu erlangen, genügt bei einem Einkommen von 1 000 Mark das Vorhandensein von 2 Kindern unter 14 Jahren im Haushalte, bei einem solchen von 1 100 Mark das Vorhandensein von 4 Kindern.

4) Die Worte: „auf jeden Fall" sollen gleichbedeutend sein mit „zum mindesten". (Sitz. d. H. d. Abg. v. 17. Febr. 1891.) Vgl. Art. 44 d. A.

5) Ueber den Abzug vom Einkommen gemäß § 18 des Ges. zu vergl. Art. 44 d. A.

§ 19.

Bei der Veranlagung ist es gestattet,[1]) besondere, die Leistungsfähigkeit der Steuerpflichtigen wesentlich beeinträchtigende[2]) wirthschaftliche Verhältnisse in der Art zu berücksichtigen, daß bei einem steuerpflichtigen Einkommen von nicht mehr als 9500 Mark eine Ermäßigung der im §. 17 vorgeschriebenen Steuersätze um höchstens drei Stufen gewährt wird.

Als Verhältnisse dieser Art kommen lediglich[3]) außergewöhnliche Belastungen durch Unterhalt und Erziehung der Kinder, Verpflichtung zum Unterhalte mittelloser Angehöriger,[4]) andauernde Krankheit, Verschuldung und besondere Unglücksfälle in Betracht.[5])

1) Die Versagung der Wohlthat des § 19 seitens der Veranlagungskommission ist im Wege der Berufung anfechtbar. — Die Berufungsentscheidung muß darlegen, ob und wie die Behauptung eines die Anwendung des § 19 rechtfertigenden Thatbestandes begründet ist. Entsch. d. OVG. v. 26. Sept. 1892, Entsch. i. St. Bd. I S. 3. Die Beurtheilung der für die Anwendung des § 19 des Ges. vorliegenden thatsächlichen Unterlagen unterliegt der Nachprüfung in der Beschwerdeinstanz nicht. Entsch. d. OVG. v. 27. Okt. 1892, Entsch. i. St. Bd. II S. 24.

2) Eine Beeinträchtigung der Leistungsfähigkeit kann nicht nur bei dem Arbeitseinkommen, sondern bei jeder Art von Einkommen eintreten. Entsch. d. OVG. v. 2. Jan. 1893, Entsch. i. St. Bd. I S. 89.

3) Verhältnisse anderer Art begründen eine Berücksichtigung niemals. Art. 45 Ziffer 3 d. A.

4) Die Verpflichtung zum Unterhalt mittelloser Angehöriger bezieht sich nicht nur auf die Unterhaltung solcher Angehöriger, zu deren Unterhaltung der Steuerzahler gesetzlich verpflichtet ist, und der Ausdruck andauernde Krankheit erstreckt sich nicht nur auf die Krankheit des Zensiten, sondern auch auf die Krankheitsfälle seiner Angehörigen. Art. 45 Ziffer 3 „zu b und c" d. A.

5) Der Anwendung des § 19 steht nicht schon der Umstand entgegen, daß die die Leistungsfähigkeit beeinträchtigenden wirthschaftlichen Verhältnisse ohne den freien Willen des Steuerpflichtigen nicht vorliegen würden. Entsch. d. OVG. v. 4. Mai 1893, Entsch. i. St. Bd. I S. 376.

III. Veranlagung.

1. Ort der Veranlagung.

§ 20.

Die Veranlagung erfolgt in der Regel an dem Orte, wo der Steuerpflichtige zur Zeit der Aufnahme des Personenstandes (§. 21) seinen Wohnsitz[1]) oder in Ermangelung eines solchen seinen Aufenthalt hat.

Im Falle eines mehrfachen[2]) Wohnsitzes steht dem Steuerpflichtigen die Wahl des Ortes der Veranlagung zu. Hat er von diesem Wahlrecht keinen Gebrauch gemacht, und ist die Veranlagung an mehreren Orten erfolgt, so gilt nur die Veranlagung an demjenigen Orte, an welchem die Einschätzung zu dem höchsten Steuerbetrage stattgefunden hat.

Preußische Staatsangehörige, welche im Inlande weder Wohnsitz noch Aufenthalt haben, sind an dem letzten Orte ihres Wohnsitzes oder Aufenthaltes in Preußen zu veranlagen.

Die Veranlagung der im §. 1 Nr. 4 und 5 bezeichneten Gesellschaften und Genossenschaften erfolgt an dem Orte, wo dieselben in Preußen ihren Sitz haben.[3])

Die Veranlagung der im §. 2 bezeichneten Steuerpflichtigen geschieht an dem Orte, wo der Grundbesitz, beziehungsweise die gewerbliche oder Handelsanlage[4]) oder die Betriebsstätte liegt, oder der bei der Steuerverwaltung etwa bestellte Vertreter seinen Wohnsitz hat, oder wo sich der Sitz der Kasse befindet, von welcher die

Besoldungen, Pensionen oder Wartegelder ausgezahlt werden.

Die bezüglich des Veranlagungsortes[5]) weiter erforderlichen Anordnungen erläßt der Finanzminister.

1a) Vgl Anm. 3 zu § 1 des Ges.

1b) Minderjährige bevormundete Personen haben ihren Wohnsitz da, wo sie ihn mit Genehmigung ihres Vormundes begründet haben. In den Gebieten jedoch, in welchen das französische Recht in Geltung steht, nur an dem Wohnsitz ihres Vormundes. FME. v. 28. Nov. 1887 — II. 12133 —. Art. 35 Ziffer 1 Abs. 2 d. A.

1c) Unterbringung einer Person in einer Irren- oder anderen Heilanstalt begründet ebensowenig wie die Verbüßung einer zeitigen Freiheitsstrafe oder zeitweilige Abwesenheit vom Wohnorte aus anderen Gründen für sich allein einen Wechsel des Veranlagungsortes. Art. 35 Ziffer 1 Abs. 3 d. A.

1d) Bei Versetzungen wird der dienstliche Wohnsitz an dem neuen Bestimmungsorte mit dem Zeitpunkte begründet, von welchem ab das Amt an dem neuen Bestimmungsorte übertragen wird, wenn aber eine ausdrückliche Bestimmung darüber fehlt, der Zeitpunkt, mit welchem die Versetzung zur Kenntniß des Betheiligten gelangt und der bisherige Wohnort verlassen ist, ohne Rücksicht darauf, wann der Versetzte an dem neuen Bestimmungsorte thatsächlich Wohnung genommen hat. Die Abkommandirung der Militärpersonen von ihrem Garnisonsorte wird der Versetzung gleich geachtet, sofern für das Kommando eine längere als die Dauer von 6 Monaten von vornherein feststeht. Art. 35 Ziffer 2 Abs. 2 und 3 d. A. Hinsichtlich der Beamten der Militärverwaltung siehe a. a. O. Abs. 4.

2a) Das Wahlrecht steht auch Beamten und Militärpersonen zu, welche neben dem dienstlichen Wohnsitz in Preußen einen zweiten persönlichen Wohnsitz z. B. auf dem eigenen Landgute haben. Als mehrfacher Wohnsitz gilt es dagegen nicht, wenn ein Beamter oder Gewerbetreibender seine Wohnung überhaupt nicht am Sitze seines Amtes oder Geschäfts, sondern an einem angrenzenden oder benachbarten Orte innerhalb des preußischen Staates genommen hat; in Fällen dieser Art findet die Veranlagung nur am Orte des persönlichen Wohnsitzes statt. Art. 35 Abs. 3 d. A.

2 b) Ungeachtet der entgegenstehenden Bestimmungen des bürgerlichen Gesetzbuches (code Napoléon) wird die Möglichkeit eines doppelten Wohnsitzes in steuerlicher Hinsicht auch für den Geltungsbereich dieses Gesetzbuches in der Rheinprovinz angenommen. FME. v. 18. März 1881 — II. 2675 —.

3) Vgl. Anm 13 zu § 1 des Ges. und Art. 35 Ziffer 5 d. A.

4) Sind mehrere Betriebsstätten bezw. Handelsanlagen vorhanden, so erfolgt die Veranlagung am Sitze der Centralstelle. Art. 35 Ziffer 6 Abs. 2 d. A.

5) Art. 35 d. A.

2. Vorbereitung der Veranlagung.

§ 21.

Vor Beginn des Veranlagungsgeschäftes hat jeder Gemeinde-(Guts-)vorstand eine vollständige Nachweisung aller in dem Gemeinde-(Guts-)bezirke vorhandenen, in diesem Gesetze als steuerpflichtig bezeichneten Personen, Gesellschaften und Genossenschaften, sowie der nach §. 2 die Steuerpflicht bedingenden Grundbesitzungen und gewerblichen Unternehmungen aufzunehmen.

§ 22.

Jeder Besitzer eines bewohnten Grundstückes oder dessen Vertreter ist verpflichtet, der mit der Aufnahme des Personenstandes betrauten Behörde die auf dem Grundstücke vorhandenen Personen mit Namen, Berufs- oder Erwerbsart anzugeben.

Die Haushaltungsvorstände haben den Hausbesitzern oder deren Vertretern die erforderliche Auskunft über die zu ihrem Hausstande gehörigen Personen einschließlich der Unter- und Schlafstellenmiether zu ertheilen.

§ 23.

Jeder Gemeinde-(Guts-)vorstand hat über die Besitz-, Vermögens- und sonstigen Einkommensverhältnisse der Steuerpflichtigen des Gemeinde-(Guts-)bezirkes, sowie über etwaige besondere, die Leistungsfähigkeit derselben bedingende wirthschaftliche Verhältnisse (§§. 18, 19) möglichst vollständige Nachrichten einzuziehen, überhaupt alle Merkmale, welche ein Urtheil über die Besteuerung zu begründen vermögen, zu sammeln.

Auf Grund der von ihm angestellten Ermittelungen hat der Gemeinde-(Guts-)vorstand das muthmaßliche Einkommen der Steuerpflichtigen, getrennt nach den verschiedenen Einnahmequellen (§ 7), in eine Einkommensnachweisung einzutragen.

Die auf den Gemeinde-(Guts-)vorstand selbst bezüglichen Eintragungen sind von den seitens der Regierungen hierfür bestimmten Personen zu bewirken.

3. Steuererklärungen.

§ 24.

Jeder bereits mit einem Einkommen von mehr als 3000 Mark zur Einkommensteuer veranlagte Steuerpflichtige ist auf die jährlich durch öffentliche Bekanntmachung ergehende Aufforderung zur Abgabe einer Steuererklärung [1]) verpflichtet. Letztere ist innerhalb der auf mindestens vierzehn Tage [2]) zu bemessenden Frist nach den vom Finanzminister vorgeschriebenen, kostenlos zu verabfolgenden Formularen, [3]) bei dem Vorsitzenden der Veranlagungskommission (§. 34) schriftlich [4]) oder zu Protokoll, unter der Versicherung abzugeben, daß die Angaben nach bestem Wissen und Gewissen gemacht sind.

Aktiengesellschaften, Kommanditgesellschaften auf Aktien, Berggewerkschaften und eingetragene Genossenschaften sind außerdem verpflichtet, ihre Geschäftsberichte und Jahresabschlüsse sowie die darauf bezüglichen Beschlüsse der Generalversammlungen nach den näheren Bestimmungen des Finanzministers alljährlich dem Vorsitzenden der Veranlagungskommission einzureichen.

1 a) Die Abgabe der Steuererklärung ist eine staatsbürgerliche Pflicht.

In dieser Beziehung äußerte der Herr Finanzminister in der Sitz. d. AbgH. v. 20. Nov. 1890: „Meine Herren, wenn wir nun durch eine vierzigjährige Erfahrung wissen, daß der Mangel der Deklaration vor allem zu dem mangelhaften Ergebniß der Veranlagung geführt hat, so, glaube ich, würden wir es nicht rechtfertigen können, wenn wir alle diese langjährigen Erfahrungen unbeachtet ließen und, da doch die Gleichheit der Tragung der Lasten die Hauptsache im Staatsleben ist, das nothwendige Mittel, um dies Ziel zu erreichen, von uns wiesen. Nicht blos zahlen soll der Staatsbürger, sondern er soll auch sich Unbequemlichkeiten gefallen lassen im Interesse des allgemeinen Staatswohles. Wie im Kriege er Leib und Leben opfern muß, so soll er im Frieden wenigstens seine Bürgerpflichten voll erfüllen, einerlei, ob ihm das bequem ist oder unbequem."

Ebenso in der Sitz. v. 16. Febr. 1891: „Die Deklarationspflicht hat den großen Vorzug, ein wichtiges Erziehungsmittel zu sein in der Gewissenhaftigkeit der besitzenden Klasse gegen den Staat, und ich glaube, die Erfahrung hat gelehrt, daß dieses Erziehungsmittel noch sehr nothwendig ist."

1b) Die Steuerklärung ist als ein wesentliches Mittel zu einer richtigen Veranlagung zu erachten und zwar nicht blos, um die zu niedrig Veranlagten voll mit ihrem Einkommen erfassen zu können, sondern auch andererseits als Schutzmittel für denjenigen Steuerpflichtigen, der wegen nicht vorhandener Klarheit seiner Verhältnisse bisher zu hoch veranlagt worden ist.

Auch das Bedenken, daß in der Deklaration eine wesentliche Gefährdung des Kredits liegen könne, weil eben der Steuerpflichtige selbst seine Verhältnisse einer Kommission gegenüber klar legen muß und der Steuerpflichtige einer absoluten Diskretion nicht sicher sein könne, ist hinfällig durch die Bestimmungen über die geschäftsmäßige Behandlung der einzelnen Steuererklärungen. Speziell in dem letzten Satz des § 52 ist eine genügende Garantie für eine vollständige Diskretion getroffen.

2) Vgl. wegen Verlängerung der Frist für Abwesende § 79 des Ges.

3) Von der Zustellung des Formulars ist weder der Eintritt der Verpflichtung, noch der Lauf der Frist zur Abgabe der Steuererklärung abhängig. Steuerpflichtige, welchen ein Formular nicht zugegangen ist, müssen sich, bei eigener Verantwortlichkeit für Versäumung der gesetzlichen Frist, ein solches an der in der öffentlichen Aufforderung bezeichneten Stelle holen. Art. 28 Ziffer 1 Abs. 1 d. A.

4) Zulässig ist frankirte Einsendung durch die Post; zur Sicherheit empfiehlt es sich aber, die Sendung als „Einschreibebrief" zu bewirken, da der Absender die Gefahr trägt. Art. 28 Ziffer 4 Abs. 3 d. A.

§ 25.

Andere 1) Steuerpflichtige sind zur Abgabe einer Steuererklärung verpflichtet, sobald eine besondere Aufforderung des Vorsitzenden der Veranlagungskommission (§§. 34, 35) an sie ergeht. Sie sind, falls letzteres nicht geschieht,

auf ihr Verlangen zur Abgabe einer Steuererklärung innerhalb der im §. 24 bestimmten Frist zuzulassen.[2])

1) „Andere" als die im § 24 bezeichneten Steuerpflichtigen. Wegen der Verpflichtung im Zugangswege veranlagter Steuerpflichtigen (§§ 57 und 59 des Ges.) zur Abgabe von Steuererklärungen siehe § 60 Abs. 5 des Ges.

2) Eine rechtzeitig freiwillig abgegebene Steuererklärung genießt dieselben Rechte wie eine kraft gesetzlicher Vorschrift oder kraft besonderer Aufforderung geschuldete. Entsch. d. OVG. v. 3. Nov. 1892, Entsch. i. St. Bd. I S. 31.

§ 26.

1) In der Steuererklärung ist der Gesammtbetrag des Einkommens (§. 10) getrennt nach den im §. 7 vorgesehenen Einkommensquellen anzugeben.

2) Das Einkommen von dem außerhalb des Veranlagungsbezirkes belegenen Grundbesitze oder Gewerbebetriebe ist besonders aufzuführen.

3) Schuldenzinsen, Lasten u. s. w., deren Abzug beansprucht wird, sind anzugeben.[1])

1) Der Steuerpflichtige braucht in der Steuererklärung zwar nur den Gesammtbetrag der abzugsfähigen Schuldenzinsen anzugeben, muß aber auf Erfordern — sei es zum Zwecke der Veranlagung, sei es bei Erörterung eines Rechtsmittels — für jede Schuld den Namen und Wohnort des Gläubigers, das Datum der Schuldurkunde und den Prozentsatz der Verzinsung angeben, auch die Zinsquittungen vorlegen. Art. 24 Ziffer 1 d. A.

§ 27.

Dem Steuerpflichtigen soll auf seinen Antrag,[1]) soweit es sich um nur durch Schätzung zu ermittelndes Einkommen handelt, gestattet werden, in die Steuererklärung

statt der ziffermäßigen Angabe des Einkommens diejenigen Nachweisungen aufzunehmen, deren die Veranlagungskommission zur Schätzung desselben bedarf.

1) Diese Ausnahme beschränkt sich absolut nur auf Einkommen, welches nur durch Schätzung, also nicht durch Gegenüberstellung wirklicher Einnahmen und Ausgaben im Wege der Berechnung ermittelt werden kann. Es muß grundsätzlich daran festgehalten werden, daß der Steuerpflichtige aus Gründen, welche nicht in der Natur des Einkommens selbst liegen, die Entbindung von der ziffermäßigen Angabe seines Einkommens nicht beanspruchen kann, insbesondere also auch nicht etwa aus dem Grunde, weil er verabsäumt hat, Aufzeichnungen über die thatsächlichen Einnahmen und Ausgaben zu machen. Art. 30 Ziffer 1 d. A.

§ 28.

Die Aufforderungen zur Abgabe der Steuererklärung müssen den Hinweis auf die im §. 30 angedrohten Rechtsnachtheile, sowie auf die Strafbestimmungen des §. 66 enthalten.

§ 29.

Die Steuererklärungen sind für Personen, welche unter väterlicher Gewalt, Pflegschaft oder Vormundschaft stehen, sowie für die im §. 1 Nr. 4 und 5 bezeichneten Steuerpflichtigen von deren Vertretern, für Ehefrauen, sofern sie nicht selbständig veranlagt sind, von deren Ehemännern abzugeben.

Für Personen, welche abwesend oder sonst verhindert sind, die Steuererklärungen selbst abzugeben, können solche durch Bevollmächtigte erfolgen.

Die Erfüllung der Steuererklärungspflicht seitens Eines von mehreren Vertretern befreit die übrigen Verpflichteten von ihrer Verbindlichkeit.

§ 30.

Wer die ihm obliegende Steuererklärung nicht innerhalb der vorgeschriebenen Frist abgiebt, verliert die gesetzlichen Rechtsmittel [1]) gegen seine Einschätzung für das betreffende Steuerjahr, insofern nicht Umstände dargethan werden, welche die Versäumniß entschuldbar machen. [2])

Wer die Steuererklärung, zu deren Einreichung er gesetzlich verpflichtet [3]) ist, nicht längstens innerhalb 4 Wochen nach einer nochmaligen an ihn zu richtenden [4]) besonderen Aufforderung, [5]) welche auch nach geschehener Veranlagung ergehen kann, abgiebt, hat neben der veranlagten Steuer einen Zuschlag [6]) von 25 Prozent zu derselben zu zahlen und außerdem die durch seine Unterlassung dem Staate entzogene Steuer zu entrichten.

Die Festsetzung des mit der veranlagten Steuer zu entrichtenden Zuschlages von 25 Prozent steht der Regierung zu, gegen deren Entscheidung nur die Beschwerde an den Finanzminister zulässig ist.

1) Unentschuldigte Versäumniß der Steuererklärungsfrist hat den Verlust der Rechtsmittel auch dann zur Folge, wenn über die verspätet abgegebene Steuererklärung im Veranlagungsverfahren verhandelt ist. Entsch. d. OVG. v. 6. März 1893, Entsch. i. St. Bd. I S. 245.

2a) Auch gegenüber dem Ausländer wird die Verspätung der Steuererklärung dadurch nicht entschuldigt, daß das Formular zu derselben unfrankirt an seinen gesetzlichen Wohnsitz im Auslande gesendet ist. Entsch. d. OVG. v. 1. Dez. 1892, Entsch. i. St. Bd. I S. 68.

2b) Ein während der Erklärungsfrist eingetretenes, bis zum Ablauf derselben andauerndes Hinderniß ist nicht schon deshalb ungeeignet, die Säumniß entschuldbar zu machen, weil der Pflichtige vor Eintritt des Hindernisses seiner Erklärungspflicht genügen und weil er die Aufstellung durch einen anderen bewirken lassen konnte. Entsch. d. OVG. v. 14. Nov. 1892, Entsch. i. St. Bd. I S. 40.

2c) Bei einer auf besondere Aufforderung abgegebenen Steuererklärung hängt die Rechtzeitigkeit davon ab, ob die in der Aufforderung gestellte Frist beobachtet ist. Entsch. d. OVG. v. 17. Jan. 1893, Entsch. i. St. Bd. I S. 115. Siehe auch Entsch. d. OVG. v. 5. Febr. 1894, Entsch. i. St. Bd. II S. 400.

2d) Ueber die Rechtsmittelverwirkung wegen Versäumniß der Steuererklärung entscheidet die zur Entscheidung über das Rechtsmittel berufene Behörde. Entsch. d. OVG. v. 6. März 1893, Entsch. i. St. Bd. I S. 245.

2e) Wird in Frage gestellt, ob die Verpflichtung zur Abgabe der Steuerklärung überhaupt besteht, so ist hierüber zu entscheiden, bevor ein Ausspruch über Verwirkung des Rechtsmittels erfolgt. Entsch. d. OVG. v. 13. März 1893, Entsch. i. St. Bd. I S. 261.

2f) Die erst in der Beschwerdeschrift zur Entschuldigung der Versäumniß der Steuererklärungsfrist angeführten Umstände können nicht berücksichtigt werden. Entsch. d. OVG. v. 27. Okt. 1892, Entsch. i. St. Bd. I S. 22.

3) Es ist bei der Berathung des Gesetzes darauf hingewiesen worden, daß in Abs. 1 dieses Paragraphen gesagt sei: „die ihm obliegende Steuererklärung", während im Abs. 2 gesagt sei: „zu deren Einreichung er gesetzlich verpflichtet ist". Es kann einen eigenthümlichen Eindruck machen, daß hier verschiedene Fassungen

gewählt sind; es ist aber konstatirt worden, daß mit den beiden Fassungen absolut dasselbe gesagt sein soll. (Sitz. d. AbgH. v. 18. Febr. 1891.)

4) Die nochmalige Aufforderung ist durch die Ausführungsanweisung vorgeschrieben; sie erfolgt möglichst unmittelbar nach dem fruchtlosen Ablaufe der ersten Frist und stellt eine anderweite Frist von 4 Wochen zur Abgabe der Steuerklärung. Art 54 d. A.

5) Eine nachträgliche Veranlagung bezw. Erhöhung kann, wie dies im § 80 vorgeschrieben ist, das ganze Steuerjahr hindurch erfolgen, es ist daher zweifellos, daß die hier in Rede stehende Aufforderung noch im Laufe des ganzen Steuerjahres ergehen kann.

6a) Der Zuschlag von 25 % soll nicht den Charakter einer gerichtlichen oder kriminellen Strafe haben, sondern nur einen Vermögensnachtheil darstellen. Derjenige, welcher die Abgabe einer Steuererklärung verweigert, muß prinzipaliter als suspekt erscheinen, daß er ein höheres Einkommen hat, als wie er bisher eingeschätzt worden ist, und der Zuschlag soll daher nicht allein ein Zwang sein, sondern es wird auch der Billigkeit entprechen, einem derartigen Zensiten neben höherer Einschätzung auch noch einen Zuschlag von 25 % aufzulegen.

Demjenigen Steuerpflichtigen, welcher etwa aus Gewissensbedrängniß, aus Unmöglichkeit einer genauen Berechnung seines Einkommens u. s. w. sich nicht in der Lage glaubt, eine Steuererklärung abzugeben, werden diese 25 % nicht ohne weiteres auferlegt. Der Zuschlag wird nur dann auferlegt, wenn der Steuerpflichtige auf die wiederholte Aufforderung hin seine Steuererklärung nicht abgegeben hat. Glaubt Jemand zur Abgabe einer Steuererklärung nicht in der Lage zu sein, so steht nichts im Wege, daß er seine Bedenken dem Vorsitzenden der Veranlagungskommission vorträgt, und wenn die Bedenken begründet sind, wird der Vorsitzende Abstand nehmen, ihn nochmals aufzufordern und ihn in die Lage des Zuschlages zu versetzen.

6b) Der einen Rechtsnachtheil darstellende Zuschlag von 25 % darf nicht zur Kommunalsteuer herangezogen werden (Komm. Ber. d. H. H. S. 12.)

4. Organe, Bezirke und Verfahren der Veranlagung.

§ 31.

Der Veranlagung der Steuerpflichtigen geht eine Voreinschätzung durch besondere Kommissionen voraus.

Die Voreinschätzungskommissionen[1]) bestehen aus dem Gemeindevorstande als Vorsitzenden und aus einer von der Regierung zu bestimmenden Anzahl von Mitgliedern, welche unter möglichster Berücksichtigung der verschiedenen Arten des Einkommens theils von der Regierung ernannt, theils von der Gemeindeversammlung beziehungsweise Gemeindevertretung gewählt werden. Die Zahl der ernannten Mitglieder einschließlich des Vorsitzenden muß hinter der Zahl der gewählten Mitglieder zurückbleiben.[2]) Die Regierung kann von der Ernennung von Mitgliedern absehen.

Gemeinden und selbständige Gutsbezirke können nach Anhörung der Betheiligten im Einvernehmen mit dem Bezirksausschusse durch die Regierung und, falls ein Einvernehmen beider Behörden nicht erreicht wird, durch den Oberpräsidenten mit benachbarten Gemeinden zu einem Voreinschätzungsbezirke vereinigt werden.

Wo Landgemeinden oder Gutsbezirke nach Maßgabe der Landgemeindeordnung für die sieben östlichen Provinzen zum Zwecke der gemeinsamen Wahrnehmung einzelner zu ihrem Wirkungskreise gehöriger Kommunalangelegenheiten zu besonderen Verbänden vereinigt sind oder vereinigt werden,[3]) können dieselben zu einem Voreinschätzungsbezirke verbunden werden.

Für jeden solchen Bezirk (Absatz 3 und 4) wird nur eine Voreinschätzungskommission gebildet, deren Vorsitz der von der Regierung zu bestimmende Gemeinde- oder Gutsvorsteher, Bürgermeister, Amtmann oder Amtsvorsteher zu übernehmen hat.

Die Zahl der zu wählenden Mitglieder einer solchen Voreinschätzungskommission wird auf die einzelnen Gemeinden und Gutsbezirke nach Verhältniß der Einwohnerzahl mit der Maßgabe vertheilt, daß mindestens ein Mitglied auf jede Gemeinde und jeden Gutsbezirk entfällt.

Für Gutsbezirke treten die Vorsteher beziehungsweise deren Stellvertreter oder die von ihnen zu ernennenden Einwohner des Voreinschätzungsbezirkes als Mitglieder in die Kommission ein.

1) Die örtlichen Voreinschätzungskommissionen (§§ 31, 32) sollen unter dem Vorsitze der Gemeinde-(Guts-)vorsteher im Wesentlichen eine vorbereitende, zugleich aber eine begutachtende Thätigkeit in Ansehung derjenigen Steuerpflichtigen ausüben, welche zur Selbstangabe nicht verpflichtet sind. Ein solches Gutachten ist um so weniger zu entbehren, als den Mitgliedern der Veranlagungskommission die wünschenswerthe Kenntniß der örtlichen Verhältnisse im ganzen Kreise nicht immer beiwohnen wird.

2) Die Zahl darf also höchstens Einen weniger als die Hälfte der Gesammtzahl der Komm.-Mitglieder betragen. Anders in § 34 Abs. 2.

3) In der Sitz. d. AbgH. v. 19. Febr. 1891 erklärte der Herr Regierungskommissar:

Der Absatz 4 ist im Wesentlichen eine Konsequenz der Beschlüsse, welche mit Bezug auf die Landgemeindeordnung gefaßt sind. Es scheint von Interesse, nach Möglichkeit zu vermeiden, daß besondere Voreinschätzungsbezirke gebildet werden, welche anders abgegrenzt sind, als die Bezirke, wie sie zu kommunalen Zwecken gestaltet werden. Um darauf gleich im Ges. in zweckmäßiger Weise hinzuweisen, empfiehlt es sich, diese Bestimmung beizubehalten, welche zur Folge hat, daß, wenn ein nachbarlicher Verband im Sinne der Landgemeindeordnung gebildet worden ist, es nicht erst des umständlichen Verfahrens bedarf, wie es im Abs. 3 des § 31 vorgesehen ist, um nun auch einen gemeinsamen Voreinschätzungsbezirk zu bilden, sondern — so wenigstens fasse ich die Bestimmung des Abs. 4 auf — es wird in solchen Fällen, wenn es die Aufsichtsbehörde für zweckmäßig befindet, ohne Weiteres im Verwaltungswege der nachbarliche Verband auch für einen Voreinschätzungsbezirk erklärt werden können. — In diesem Sinne ist allerdings auch im Interesse eines abgekürzten Verfahrens auf die Beibehaltung des Abs. 4 Werth zu legen.

§ 32.

Die Voreinschätzungskommission unterwirft die gemäß §§. 21, 23 von dem Gemeinde- (Guts-) vorsteher aufgestellten Nachweisungen einer genauen Prüfung und trägt die für die einzelnen Steuerpflichtigen ermittelten Einkommensbeträge bis zu 3000 Mark,[1]) sowie die von ihr für diese vorzuschlagenden Steuersätze in die Nachweisungen ein.

1) Zu § 32 wurde in der Komm. des H. der Abg. (Komm.Ber. v. 2. Febr. 1891 S. 44) ein Antrag dahin gestellt, daß die Voreinschätzungskommission bezüglich der Zensiten mit einem Einkommen von über 3000 Mark die Nachweisungen und Einkommensverhältnisse einer Prüfung nicht unterziehen solle, da ein Eindringen der Voreinschätzungskommission in die Vermögensverhältnisse dieser Zensiten, die durch die eigenen Angaben der letzteren in den Steuererklärungen klargestellt seien, nicht angezeigt erschiene. Nachdem der Herr Finanzminister indessen erklärt hatte, daß ohne eine Prüfung und Angabe der bekannten Verhältnisse bezüglich aller Zensiten durch die Voreinschätzungskommission die Veranlagungs-

kommission zu zahlreichen Rückfragen genöthigt sein würde, daß auch den Voreinschätzungskommissionen die Steuerklärungen nicht zugänglich gemacht werden sollten, wurde der gestellte Antrag mit großer Mehrheit abgelehnt.

§ 33.

Behufs Veranlagung der Steuerpflichtigen bildet jeder Kreis einen Veranlagungsbezirk. Der Regierung steht die Befugniß [1]) zu, innerhalb desselben Kreises die Bildung mehrerer Veranlagungsbezirke anzuordnen.

1) Die Regierung hat vor Ausübung dieser Befugniß die Genehmigung des Finanzminister einzuholen. Art. 46 d. A.

§ 34.

Für jeden Veranlagungsbezirk ist unter dem Vorsitze des Landraths [1]) oder eines von der Regierung zu ernennenden Kommissars eine Veranlagungskommission zu bilden, deren Mitglieder theils von der Regierung ernannt,[2]) theils von der Kreisvertretung und in den Stadtkreisen von der Gemeindevertretung aus den Einwohnern des Veranlagungsbezirks, unter möglichster Berücksichtigung der verschiedenen Arten des Einkommens, auf die Dauer von sechs Jahren [3]) gewählt [4]) werden.

Die Zahl der ernannten und der gewählten Mitglieder wird für die einzelnen Veranlagungsbezirke mit Rücksicht auf deren Größe und auf die Einkommensverhältnisse der Einwohner von der Regierung in der Art bestimmt, daß die Zahl der ernannten Mitglieder einschließlich des Vorsitzenden die Hälfte der gewählten Mitglieder nicht überschreitet.[5])

Alle drei Jahre scheidet je die Hälfte der ernannten und der gewählten Mitglieder, und zwar bei ungerader Zahl das erste Mal die größere Hälfte aus und wird durch neue Ernennungen beziehungsweise Wahlen ersetzt. Die das erste Mal Ausscheidenden werden durch das Loos bestimmt; die Ausscheidenden können wieder ernannt beziehungsweise gewählt werden.

1) In der Sitzung des H. der Abg. v. 19. Febr. 1891 äußerte der Herr Finanzminister: „Ich möchte nur einen Irrthum des Abg. K. berichtigen, indem er meint das Wort „Landrath" solle hier nicht auch den Oberbürgermeister in Stadtkreisen bezeichnen. Das ist ein Irrthum. Es handelt sich um diejenigen Personen, welche landräthliche Befugnisse ausüben, und darunter fällt natürlich in den Stadtkreisen auch der Oberbürgermeister; er würde also in dieser Beziehung ganz gleich behandelt werden wie der Landrath in einem Landkreise."

2) Es ist nicht vorgeschrieben, daß die zu ernennenden Mitglieder Einwohner des Veranlagungsbezirks sein müssen. Vgl. Sten.Ber. über d. Sitz. d. AbgH. v. 19. Febr. 1891.

3) Durch die Amtsdauer von 6 Jahren soll eine wirksame und erfolgreiche Betheiligung der einzelnen Mitglieder an den Kommissionsgeschäften gesichert werden. Die im letzten Abs. des § 34 angeordnete theilweise Erneuerung der Mitglieder von drei zu drei Jahren ist angeordnet, um die Ueberlieferung und Festhaltung der einmal erprobten Veranlagungsgrundsätze zu fördern. (Motive zum Gesetz.)

4) Ueber die Voraussetzungen der Wählbarkeit siehe § 50 Abs. 3 des Ges.

5) Die Zahl darf also höchstens ein Drittel der Gesammtzahl der Kommissionsmitglieder betragen. Anders in § 31 Abs. 2.

§ 35.

Der Vorsitzende der Veranlagungskommission, welcher zugleich die Interessen des Staates vertritt,[1]) hat innerhalb seines Veranlagungsbezirks die Geschäftsführung der Vorsitzenden der Voreinschätzungskommissionen zu beaufsichtigen und das Veranlagungsgeschäft zu leiten. Er ist dafür verantwortlich, daß die gesammte Veranlagung in seinem Bezirke nach den bestehenden Vorschriften zur Ausführung gelangt.

Der Vorsitzende hat insbesondere die Personenstands- und Einkommensnachweisungen (§§. 21, 23) zu prüfen, die öffentlichen Bekanntmachungen wegen Abgabe der Steuererklärungen zu erlassen (§. 24) und diejenigen nicht bereits mit einem Einkommen von mehr als 3000 Mark veranlagten Steuerpflichtigen, bei welchen ein diesen Betrag übersteigendes Einkommen anzunehmen ist, zur Abgabe beziehungsweise Erneuerung der Steuererklärung besonders aufzufordern. Die sämmtlichen eingegangenen Steuererklärungen sind von ihm zu prüfen.

Zum Zwecke der richtigen Veranlagung der Steuerpflichtigen, insbesondere behufs Prüfung der Steuererklärungen hat der Vorsitzende über die Besitz-, Vermögens- und Einkommensverhältnisse der Steuerpflichtigen möglichst vollständige Nachrichten einzuziehen.

Hierbei kann er sich nach seinem Ermessen der Mitwirkung der Gemeinde-(Guts-)vorstände und der Verwaltungsbehörden bedienen, welche seinen Aufforderungen Folge zu leisten schuldig sind. Er ist befugt, die Voreinschätzungskommissionen zu einer besonderen Aeußerung über die Besitz-, Vermögens- und Einkommensverhältnisse einzelner Steuerpflichtiger zu veranlassen.

Der Vorsitzende kann[2]) den Steuerpflichtigen auf Antrag oder von Amtswegen Gelegenheit zur persönlichen Verhandlung über die für die Veranlagung erheblichen Thatsachen und Verhältnisse gewähren.

Sämmtliche Staats- und Kommunalbehörden haben die Einsicht aller die Einkommensverhältnisse der Steuerpflichtigen betreffenden Bücher, Akten, Urkunden u. s. w. zu gestatten und auf Ersuchen Abschriften aus denselben zu ertheilen,[3]) sofern nicht besondere gesetzliche Bestimmungen oder dienstliche Rücksichten entgegenstehen.[4]) Die Einsicht der Bücher, Akten u. s. w. der Sparkassen[5]) ist nicht gestattet.

1) Zu vgl. über die Obliegenheiten und Befugnisse des Vorsitzenden der Veranlagungskommission Art. 47 d. A.

2) Der Vorsitzende darf derartige Anträge der Steuerpflichtigen nur aus dringenden Gründen ablehnen. Art. 47 II. Ziffer 4 d. A.

3) — und zwar, wie unter Zustimmung des Herrn Finanzministers festgestellt wurde, auf Kosten der Behörden selbst. Komm.Ber. d. H. d. Abg.

4) wie z. B. in Ansehung des Staatsschuldbuchs (§ 2 Abs. 4 des Ges. v. 20. Juli 1883, GS. S. 120).

5) Die Verwaltungen der öffentlichen Sparkassen sind auch nicht verpflichtet, über die Höhe einzelner Sparkasseneinlagen Auskunft zu ertheilen. FME. v. 25. Jan. 1893 II. 609. Mitth. H. 26 S. 15.

§ 36.

Der Vorsitzende der Veranlagungskommission hat die von der Voreinschätzungskommission vorgeschlagenen Steuersätze (§. 32) zu prüfen[1]) und, soweit dieselben nicht von ihm beanstandet werden, festzusetzen.

In Betreff derjenigen Steuerpflichtigen, bezüglich welcher ein Vorschlag der Voreinschätzungskommission nicht vorliegt, oder der Vorschlag von ihm beanstandet wird, hat er die Verhandlungen der Veranlagungskommission zur Beschlußfassung[2]) vorzulegen und zu diesem Behufe das nach seinem Ermessen für jeden Steuerpflichtigen zutreffende Einkommen, getrennt nach den verschiedenen Quellen, in die Einkommensnachweisung einzutragen und den nach Vorschrift dieses Gesetzes zu entrichtenden Steuersatz vorzuschlagen.

1) Die Vorschläge der Voreinschätzungskommissionen sollen von dem Vorsitzenden der Veranlagungskommission geprüft werden (§ 36); beanstandet dieser die Vorschläge nicht, so unterliegt es nach den Motiven zum Gesetz keinem begründeten Bedenken, ihm die Festsetzung der vorgeschlagenen Steuersätze Namens der Veranlagungskommission zu übertragen. Die Mitglieder der letzteren werden hierdurch von einem großen Theil wesentlich formaler Geschäfte entlastet und um so mehr in der Lage sein, ihre ungetheilte Aufmerksamkeit und Sorgfalt den zweifelhaften und verwickelteren Einschätzungsfällen zuzuwenden.

2) Bei der Veranlagung der Steuerpflichtigen mit weniger als 3000 Mark Einkommen hat also der Vorsitzende alle von ihm beanstandeten Vorschläge, sowie alle freiwilligen oder geforderten Steuererklärungen (§ 38) der Veranlagungskommission zur Beschlußfassung vorzulegen.

§ 37.

Dem Vorsitzenden der Veranlagungskommission können zur Bearbeitung der Einkommensteuersachen von der Regierung Hülfsbeamte[1]) zugeordnet werden. Dieselben können an den Kommissionssitzungen als Stellvertreter des Vorsitzenden oder mit berathender Stimme theilnehmen; ihre sonstigen Rechte und Pflichten werden nach den hierüber von dem Finanzminister zu erlassenden allgemeinen Anweisungen von der Regierung festgesetzt.[2])

1) In der Kommission d. H. d. Abg. (Ber. v. 2. Febr. 1891 S. 48) wurde die Frage aufgeworfen, welche Stellung dem Hülfsbeamten gegeben werden solle Durch eine Erklärung des Herrn Finanzministers wurde festgestellt, daß der Hülfsbeamte, der auch Subalternbeamter sein kann, Gehülfe des Landraths bezw. des anderweiten Vorsitzenden sein und dem Landrath gegenüber keine selbstständigen Rechte haben soll. Die Geschäftsvertheilung zwischen beiden wird im Wege der Instruktion zu regeln sein. Der Landrath kann sich den Hülfsbeamten in geeigneten Fällen als Vorsitzenden der Kommission substituiren; geschieht dies nicht, so wird der Hülfsbeamte mit berathender Stimme an den Sitzungen der Kommission theilnehmen. Subalterne Hülfsbeamte dürfen jedoch niemals zur Stellvertretung des Vorsitzenden in den Sitzungen der Veranlagungskommission, oder zur Theilnahme an denselben mit berathende Stimme verwendet werden. Erl. der Herren M. d. J. und d. F. v. 8. Juli 1891 $\frac{\text{M. d. J. I. A. 6714}}{\text{FM. II. 7983 I. 9394.}}$, Mitth. H. 25 S. 33.

2) Wegen der Diäten und Reisekosten der Hülfsbeamten zu vgl. die ME. v. 8. März 1892 $\frac{\text{M. d. J. I. A. 1825}}{\text{FM. I. 3073 II. 2966}}$, Mitth. H. 25 S. 82 v. 11. Dez. 1891, FM. II. 16094, Mitth. H. 25 S. 85 v. 27. Febr. 1893 $\frac{\text{FM. II. 1657 I. 2351}}{\text{M. d. J. I. A. 2024}}$, Mitth. H. 26 S. 31 und v. 26. Nov. 1892, FM. II. 14984, Mitth. H. 29 S. 13.

§ 38.

Die Veranlagungskommission unterwirft die eingegangenen Steuererklärungen sowie die Personenstands- und Einkommensnachweisungen einer genauen Prüfung. Hierbei hat sie das Recht, von den nach §. 35 Absatz 4,

5 und 6 dem Vorsitzenden zustehenden Hülfsmitteln auch ihrerseits Gebrauch zu machen.

Wird eine Steuererklärung durch die Veranlagungskommission oder den Vorsitzenden beanstandet,[1]) so ist dem Steuerpflichtigen hiervon unter Mittheilung der Gründe mit der Aufforderung Kenntniß zu geben, sich binnen einer Frist von zwei Wochen, welche vom Vorsitzenden im Bedürfnißfalle auf vier Wochen verlängert werden kann, über dieselben oder bestimmte an ihn gestellte Fragen zu erklären. Unterläßt dies der Steuerpflichtige, oder werden die Bedenken gegen die Richtigkeit der Steuererklärung durch die Erläuterung oder Ergänzung seitens desselben nicht behoben,[2]) so ist die Veranlagungskommission befugt, die Vernehmung von Zeugen und Sachverständigen[3]) und sonstige, zur Feststellung der Thatsachen erforderliche Erhebungen zu veranlassen.[4]) Die zu vernehmenden Personen dürfen die Auskunftsertheilung nur unter den Voraussetzungen ablehnen, welche nach der Civilproceßordnung zur Ablehnung eines Zeugnisses beziehungsweise Gutachtens berechtigen.[5])

Bleiben trotzdem die Zweifel an der Richtigkeit der Steuererklärung[6]) bestehen, so ist die Kommission bei Schätzung des Einkommens an die Angaben des Steuerpflichtigen nicht gebunden.

Die Kommission setzt den nach ihrem Ermessen zutreffenden Steuersatz auf Grund der stattgehabten Ermittelungen fest.

1 a) An den Inhalt der Steuererklärungen soll die Veranlagungskommission bei der Schätzung des Einkommens nicht ge-

bunden sein. Trotz des im § 24 beschränkten Umfanges der Deklarationspflicht wird aus naheliegenden Gründen ohne Zweifel ein erheblicher Theil der Steuererklärungen unzutreffende Angaben über das Einkommen enthalten. Damit diese nicht einen unberechtigten Einfluß auf die Veranlagung erlangen, muß der Veranlagungskommission nach ihrem pflichtmäßigen Ermessen allein die Entscheidung darüber zustehen, ob im einzelnen Falle der Inhalt der Steuererklärung der Schätzung zu Grunde zu legen ist oder nicht. Nach § 38 Absatz 2 soll aber im Falle der Beanstandung dem Steuerpflichtigen hiervon unter Mittheilung der Gründe Kenntniß gegeben werden, mit der Aufforderung, sich binnen einer Frist von einer Woche darüber zu erklären, so daß der Steuerpflichtige zur Erläuterung seiner Angaben, sowie zur Beseitigung eines etwa obwaltenden Mißverständnisses jedenfalls Gelegenheit findet.

1b) Die Steuererklärung bildet nur ein wesentliches Mittel, nicht aber die alleinige Grundlage für die Veranlagung. Das Verlangen, daß eine Selbsteinschätzung des Pflichtigen der Veranlagung zu Grunde gelegt werden müsse, findet in den gesetzlichen Vorschriften keine Stütze. Entsch. d. OVG. v. 12. Jan. 1893, Entsch. i. St. Bd. 1 S. 97.

1c) Werden die Angaben einer Steuererklärung ohne zuvorige Beanstandung der Veranlagung nicht zu Grunde gelegt, so leidet das Verfahren an einem wesentlichen Mangel, der eintretenden Falles in der Berufungsinstanz auszugleichen ist. Entsch. d. OVG. v. 3. Nov. 1892, Entsch. i. St. Bd. I S. 31.

1d) Die Beanstandung muß in der durch den Zweck gebotenen sachlichen Art vorgenommen werden. Aus den Akten muß erhellen, mit welchem Ziele und mit welchem Erfolge die Steuererklärung beanstandet ist. Entsch. d. OVG. v. 2. Jan. 1893, Entsch. i. St. Bd. I S. 87.

1e) Die Vorschriften über Beanstandung der Steuererklärung beziehen sich auch auf freiwillig abgegebene Steuererklärungen. (§ 25 des Ges.) Entsch. d. OVG. v. 9. Nov. 1892, Entsch. i. St. Bd. I S. 31.

2a) Die Berichtigung irrthümlicher Angaben der Steuererklärung, die ein Steuerpflichtiger in der Beantwortung der Beanstandung oder später unter Beweisantritt vornimmt, darf nicht zu seinem Nachtheile als an sich unglaubwürdig verworfen werden. Entsch. d. OVG. v. 18. April 1893, Entsch. i. St. Bd. I S. 357.

2b) Eine Beweisführung durch Vertrauensmänner sieht das Gesetz nicht mehr vor; ein hierauf gerichtetes Angebot des Steuerpflichtigen erfordert keine Berücksichtigung. Entsch. d. OVG. v. 23. Febr. 1893, Entsch. i. St. Bd. I S. 186.

2c) Ueber Beweisfälligkeit in Bezug auf behauptete Schulden vgl. Anm. 6b zu § 9 des Ges. am Schluß.

3) Bei der Abhörung von Sachverständigen sind die Kommissionen an die von dem Steuerpflichtigen namhaft gemachten Persönlichkeiten nicht gebunden. Entsch. d. OVG. v. 1. Mai 1893, Entsch. i. St. Bd. I S. 370.

4) Erklärungen eines Steuerpflichtigen und Ergebnisse einer Beweisaufnahme müssen, wenn sie gegen den Steuerpflichtigen verwerthet werden sollen, förmlich, d. h. zu Protokoll oder sonst aktenmäßig festgestellt sein. Entsch. d. OVG. v. 14. und 21. April 1893, Entsch. i. St. Bd. I S. 349 und 350.

5) Vgl. §§ 348—350, 372, 373 CPO.

6) Hat die Veranlagungskommission gegen die Richtigkeit der Steuererklärung Bedenken auf Grund des Aufwandes des Pflichtigen, so muß sie ihn über diese Bedenken auf Grund des § 38 Abs. 2 des Ges. hören. Entsch. d. OVG. v. 1. Dez. 1892, Entsch. i. St. Bd. I S. 66.

§ 39.

Das Ergebniß der Veranlagung hat der Vorsitzende der Veranlagungskommission jedem Steuerpflichtigen mittelst einer, zugleich eine Belehrung über das Rechtsmittel der Berufung enthaltenden Zuschrift[1]) bekannt zu machen.

1a) Im § 39 wird die Mittheilung der Steuersätze an die einzelnen Steuerpflichtigen mittelst Zuschrift angeordnet, wie solches schon früher für die klassifizirte Einkommensteuer vorgeschrieben war. Die Motive zum Gesetz sprechen aus, daß nach Verschmelzung der Klassen- und Einkommensteuer die bisher für die erstere geltende Art der Bekanntmachung durch Auslegung der Steuerrollen um so weniger beibehalten werden könne, als diese Form den gegenwärtigen Verhältnissen nicht mehr entspräche. Es sei unbillig, den Steuerpflichtigen, welche sich die erforderliche Kenntniß von ihrer Einschätzung verschaffen wollen, die namentlich in größeren Städten lästige Einsicht der Rolle zuzumuthen.

1b) Der Vorsitzende kann sich bei Vollziehung der Steuerzuschrift eines Stempels bedienen. Art. 70 Ziffer 7 d. A.

5. Rechtsmittel.

a) Berufung.

§ 40.

Gegen das Ergebniß der Veranlagung steht sowohl dem Steuerpflichtigen als auch dem Vorsitzenden der Veranlagungskommission das Rechtsmittel der Berufung[1]) an die Berufungskommission zu.

Die Berufung ist seitens des Vorsitzenden[1]) der Veranlagungskommission bei dem Vorsitzenden der Berufungskommission, seitens der Steuerpflichtigen bei dem Vorsitzenden der Veranlagungskommission[2]) binnen einer Ausschlußfrist von vier Wochen[3]) einzulegen, welche für den Vorsitzenden der letzteren vom Tage des angefochtenen Beschlusses,[4]) für den Steuerpflichtigen von dem auf die Zustellung der Benachrichtigung (§. 39) folgenden Tage ab läuft.

1) Es ist Sache des Steuerpflichtigen, die zur Begründung des Rechtsmittels erforderlichen Thatsachen und Beweismittel anzuführen, ohne daß die Berufungskommission von Amts wegen verpflichtet wäre, ihm dazu Gelegenheit zu geben; im Uebrigen ist die Berufung an eine bestimmte Form nicht gebunden. Art. 62 d. A. und Entsch. d. OVG. v. 29. Sept 1892, Entsch. i. St. Bd. I S. 4.

Die Beschwerde eines Steuerpflichtigen ist vom OVG. verworfen worden, weil derselbe zur Begründung seiner gegen die Schätzung des Einkommens aus selbstbewirthschaftetem Grundbesitz gerichteten Berufungsanträge einen die maßgebenden Jahre umfassenden rechnungsmäßigen Nachweis seines Einkommens aus selbstbewirthschaftetem Grundbesitz nicht angetreten hat. Entsch. d. OVG. v. 3. Juni 1893.

2) § 3 des Ges. über die Verjährungsfristen bei öffentlichen Abgaben v. 18. Juni 1840 (GS. S. 140) bestimmt:

Wendet sich der Reklamant an eine inkompetente Behörde, so hat diese das Rekursgesuch an die kompetente Behörde abzugeben, ohne daß dem Reklamanten die Zwischenzeit auf die Frist angerechnet wird.

Dieser Paragraph ist hier anwendbar, siehe Entsch. d. OVG. v. 15. Dez. 1892, Entsch. i. St. Bd. I S. 77.

3a) Das heißt 28 Tage.

3b) Die Berufungsfrist ist dann gewahrt, wenn der Steuerpflichtige das Rechtsmittel derart einlegt, daß er bei geordnetem Geschäftsgange mit Bestimmtheit darauf rechnen konnte, die Berufungsschrift werde fristgerecht in die Hände des zuständigen Beamten gelangen. Entsch. d. OVG. v. 17. April 1893, Entsch. i. St. Bd. I S. 356.

3c) Endigung der Präklusivfristen in der Verwaltung der direkten Steuern. FME. v. 3. Okt. 1884 — II. 11 250 —. Mitth. H. 17 S. 55:

Die deutsche Civilprozeßordnung (§ 200) bestimmt, daß, wenn das Ende einer Frist auf einen Sonntag oder allgemeinen

Feiertag*) fällt, die Frist erst mit Ablauf des nächstfolgenden Werktages endigt. Nachdem diese Bestimmung auch für die Berechnung der Fristen für Beschwerden in Verwaltungssachen und im Verwaltungsstreitverfahren maßgebend geworden ist — vgl. § 52 des Gesetzes über die allgemeine Landesverwaltung v. 30. Juli 1883 (GS. S. 195) — kann der bisher bezüglich der Präklusivfristen in der Verwaltung der direkten Steuern festgehaltene entgegengesetzte Grundsatz (vgl. Verf. v 1. Okt. 1876 — II. 12886 — Gauß, Gebäudesteuer S. 493 Nr. 1529) nicht mehr aufrecht erhalten werden, vielmehr ist auch hinsichtlich der in den Gesetzen über die direkten Steuern vorgeschriebenen Fristen insbesondere für Anbringung der Reklamationen, Remonstrationen, Rekurse u. s. w. nach obiger Bestimmung zu verfahren.

Bei dem bisherigen Grundsatz, den Tag der Zustellung der Verfügung, des Bescheides oder Beschlusses bezw. den letzten Tag der Offenlegung der Steuerrolle bei dem Laufe der Präklusivfrist nicht mitzurechnen, hat es auch ferner sein Bewenden.

3d) Vgl. § 47 des Ergänzungssteuerges. und Art. 67 A. d. A. Die Wiedereinsetzung in den vorigen Stand kann beantragen, wer durch Naturereignisse oder andere unabwendbare Zufälle verhindert worden ist, die in dem Einkommensteuergesetze zur Einlegung von Rechtsmitteln vorgeschriebenen Ausschlußfristen einzuhalten. Als unabwendbarer Zufall ist es anzusehen, wenn der Antragsteller von einer Zustellung ohne sein Verschulden keine Kenntniß erlangt hat.

---

*) Allgemeine Feiertage im Sinne der §§ 13, 20 Abs. 2 der Verord. v. 7. Sept. 1879 (§ 681 der CPO., RGB. 1877 S. 206) sind:

1. Der erste und zweite Feiertag der drei christlichen Feste Weihnachten, Ostern und Pfingsten.
2. Der Charfreitag.
3. Der Neujahrstag.
4. Der Buß- und Bettag.
5. Der Himmelfahrtstag.

Für die Rheinprovinz dürfte noch die Allerh. Kab.-Ordre v. 5. Juli 1832, die gesetzlichen Festtage in der Rheinprovinz betr. (GS. S. 197), Geltung haben.

Ueber den Antrag entscheidet die Kommission oder Behörde, welcher die Entscheidung über das versäumte Rechtsmittel zusteht. Das versäumte Rechtsmittel ist unter Anführung der Thatsachen, durch welche der Antrag auf Wiedereinsetzung begründet werden soll, sowie der Beweismittel innerhalb zwei Wochen nach dem Ablaufe des Tages, mit welchem das Hinderniß gehoben ist, nachzuholen.

Nach Ablauf eines Jahres, von dem Ende der versäumten Frist an gerechnet, findet die Nachholung und der Antrag auf Wiedereinsetzung nicht mehr statt.

Die durch Erörterung des Antrages auf Wiedereinsetzung entstehenden baaren Auslagen trägt in allen Fällen der Antragsteller.

4) Als Tag des angefochtenen Beschlusses gilt, sofern die Verhandlungen nicht etwas anderes ergeben, der Tag, an welchem die betreffende Einkommensteuerliste oder Einkommensnachweisung festgesetzt ist. Art. 63 Abs. 3 d. A.

§ 41.

Für jeden Regierungsbezirk wird unter dem Vorsitze eines von dem Finanzminister zu ernennenden Regierungskommissars eine Berufungskommission gebildet, deren Mitglieder theils von der Regierung ernannt, theils von dem Provinzialausschusse aus den Einwohnern des Regierungsbezirks, unter möglichster Berücksichtigung der verschiedenen Arten des Einkommens, auf die Dauer von sechs Jahren gewählt werden.

Die Mitglieder der für die Haupt- und Residenzstadt Berlin zu bildenden Berufungskommission werden theils von dem Finanzminister ernannt, theils von dem Magistrat und der Stadtverordnetenversammlung in gemeinschaftlicher Sitzung unter dem Vorsitz des Bürgermeisters gewählt.

Die Zahl der Mitglieder der Berufungskommission wird für jeden Bezirk von dem Finanzminister nach Maßgabe der Vorschrift im §. 34 Absatz 2 festgesetzt. Die Bestimmungen im §. 34 Absatz 3 finden entsprechende Anwendung.

§ 42.

Der Vorsitzende der Berufungskommission ist in Bezug auf die richtige Feststellung der Steuer der Vertreter der Staatsinteressen für seinen Bezirk. Ihm liegt die obere Leitung [1]) des gesammten Veranlagungsgeschäfts im Bezirke ob. Er hat die gleichmäßige Anwendung der Veranlagungsgrundsätze zu überwachen, die Geschäftsführung der Vorsitzenden der Veranlagungskommissionen zu beaufsichtigen und für die rechtzeitige Vollendung des Veranlagungsgeschäfts zu sorgen.

1) Vgl. Art. 65 d. A.

§ 43.

Die Berufungskommission entscheidet [1]) über alle gegen das Verfahren und die Entscheidungen der Veranlagungskommissionen angebrachten Beschwerden und Berufungen.

Behufs Prüfung [2]) der Berufungen können die Berufungskommission und deren Vorsitzender eine genaue Feststellung der Vermögens- und Einkommensverhältnisse der Steuerpflichtigen veranlassen. Dabei sind sie befugt, von den zu diesem Zweck den Veranlagungskommissionen und deren Vorsitzenden zustehenden Hülfsmitteln (§. 35 Absatz 4, 5 und 6, §. 38) Gebrauch zu machen.[3])

Die Berufungskommission und deren Vorsitzender können ferner die eidliche Bekräftigung des Zeugnisses oder Gutachtens der vernommenen Zeugen beziehungsweise Sachverständigen vor dem zuständigen Amtsgericht erfordern.

Die Berufungskommission hat die Personenstands- und Einkommensnachweisungen sorgfältig zu prüfen; die von ihr gezogenen Erinnerungen sind bei der Veranlagung für das nächste Steuerjahr zu beachten.

1a) Der Entscheidung der Berufungskommission sind Gründe beizugeben. Entsch. d. OVG. v. 29. Sept. 1892, Entsch. i. St. Bd. I S. 4.

1b) Die Begründung der Berufungsentscheidung muß ergeben, ob die Berufungskommission die ihrer Entscheidung nicht zu Grunde gelegten Behauptungen des Steuerpflichtigen für thatsächlich unrichtig oder für unerheblich erachtet hat. Entsch. d. OVG. v. 12. Dez. 1892, Entsch. i. St. Bd. I S. 75.

1c) Aus der Berufungsentscheidung muß zu erkennen sein, mit welchen Einnahmequellen die Berufungskommission gerechnet hat. Entsch. d. OVG. v. 20. Jan. 1893, Entsch. i. St. Bd. I S. 129.

1d) Die Entscheidung der Berufungskommission hat Abweichungen von der Steuererklärung, die sie als geboten erachtet, thatsächlich und rechtlich zu begründen. Entsch. d. OVG. v. 6. Febr. 1893, Entsch. i. St. Bd. I S. 159.

1e) Ist die Berufung nur von dem Steuerpflichtigen wegen angeblich zu hoher Veranlagung eingelegt, so ist eine Erhöhung des Steuersatzes im Berufungsverfahren unzulässig. Entsch. d. OVG. v. 14. Febr. 1893, Entsch. i. St. Bd. I S. 181. Auch bei Einlegung der Berufung seitens des Steuerpflichtigen wegen zu niedriger Veranlagung darf über dessen Antrag nicht hinausgegangen werden. Entsch. d. OVG. v. 17. Juni 1893, Entsch. i. St. Bd. II S. 70.

1f) Zulässig ist auch eine Berufung des Steuerpflichtigen wegen zu niedriger Veranlagung. Vgl. FME. v. 27. Mai 1892, II. 6718. Mitth. H. 25 S. 71.

2a) Die Prüfung der Einkommensnachweisung durch die Berufungskommission darf namentlich dann nicht unterbleiben, wenn der Steuerpflichtige bestimmte Angaben, z. B. über den Umfang seines Grundbesitzes, macht, die von den Angaben der Nachweisung abweichen. Entsch. d. OVG. v. 3. Nov. 1892, Entsch. i. St. Bd. I S. 29.

2b) Macht der Steuerpflichtige bestimmte Angaben über die Höhe seines Kapitalvermögens oder des Einkommens aus dieser Quelle mit dem Erbieten zum näheren Nachweise seiner Angaben, so darf die Berufungskommission dieselben nicht unbeachtet lassen, ohne die zur Aufklärung des Thatbestandes ihr zu Gebote stehenden Hülfsmittel anzuwenden. Entsch. d. OVG. v. 6. Okt. 1892, Entsch. i. St. Bd. I S. 10.

2c) Wo die Möglichkeit besteht, an der Hand der von dem Pflichtigen angeführten Thatsachen das Einkommen aus selbstbewirthschaftetem Grundbesitze nach seiner konkreten Entstehung und seinem Umfange festzustellen, da ist eine summarische Schätzung nicht am Platze. Entsch. d. OVG. v. 9. Jan. 1893, Entsch. i. St. Bd. I S. 91.

2d) Das Verfahren leidet an einem wesentlichen Mangel, wenn die Berufungskommission die bestimmten Angaben eines öffentlichen Beamten über sein Diensteinkommen bei der Entscheidung unbeachtet läßt, ohne zuvor die Anstellungs- und Gehaltsverhältnisse desselben durch Einholung einer amtlichen Auskunft der vorgesetzten Dienstbehörde oder auf andere geeignete Weise festzustellen. Entsch. d. OVG. v. 24. Jan. 1893, Entsch. i. St. Bd. I S. 135.

2e) Will die Berufungskommission die Schätzung der Veranlagungskommission nur im Hinblick auf den Aufwand des Steuerpflichtigen aufrechterhalten, so muß sie zuvor die ihr gegebenen Mittel zur Aufklärung der Einkommensverhältnisse anwenden. Entsch. d. OVG. v. 12. Dez. 1892, Entsch. i. St. Bd. I S. 70.

2f) Ein wesentlicher Mangel des Verfahrens liegt vor, wenn die Berufungskommission ohne Einsicht der in Bezug genommenen Bücher über die vom Zensiten aufgestellte Berechnung der Erträge aus Grundbesitz oder Gewerbebetrieb hinweggeht. Entsch. d. OVG. v. 17. Jan. 1893, Entsch. i. St. Bd. I S. 119.

3a) Der Berufungskommission in Ermangelung anderer Mittel zur Ergründung der Wahrheit die Berechtigung zu geben, den Steuerpflichtigen oder dessen gesetzlichen Vertreter zur Bekräftigung der von ihm selbstgemachten Angaben durch Versicherung an Eidesstatt aufzufordern, ist von dem Hause der Abgeordneten in der Sitzung vom 20. Februar 1891 ausdrücklich abgelehnt worden. Freiwillig abgegebene eidesstattliche Versicherungen sind als nicht geschehen zu betrachten. Art. 66 Ziffer 2 Abs. 2 und Art. 57 III. d. A.

3b) Der Steuerpflichtige ist verpflichtet, der Kommission oder deren Vorsitzendem oder einem hierzu beauftragten Mitgliede der ersteren seine Geschäftsbücher vorzulegen, nicht aber einem Dritten, der etwa, ohne Mitglied der Kommission zu sein oder zu den bei der Steuerveranlagung betheiligten Beamten zu gehören, von der Kommission mit der Einsicht der Bücher betraut werden sollte. Entsch. d. OVG. v. 10. Febr. 1893, Entsch. i. St. Bd. I S. 171.

3c) Die Berufungskommission ist befugt, vom Steuerpflichtigen die Vorlegung der Geschäftsbücher zu verlangen, nicht aber die Einsendung, wobei der Steuerpflichtige zeitweise die Gewahrsam der Bücher verliert. Andererseits kann der Steuerpflichtige nicht verlangen, daß die Einsicht der Bücher in seinem Hause vorgenommen werden soll. Entsch. d. OVG. v. 23. Febr. 1893, Entsch. i. St. Bd. I S. 191 und v. 30. Okt. 1893, Entsch. i. St. Bd. II S. 291.

3d) Weigert sich der Steuerpflichtige dem Verlangen auf Büchervorlage nachzukommen, so muß von der Benutzung dieses Hülfsmittels Abstand genommen und die Entscheidung nach Lage der sonstigen Umstände nach pflichtmäßigem Ermessen getroffen werden. FME. v. 31. Okt. 1892 II. 13062. Mitth. H. 25 S. 52.

3 e) Den Vorschriften über das Veranlagungsverfahren entspricht es nicht, daß ein Steuerpflichtiger, der Berufung eingelegt hat und einer zunächst nur vom Vorsitzenden der Veranlagungskommission erlassenen Auflage zur Vorlegung von Geschäftsbüchern keine Folge leistet, das Recht verliert, mit seinen Beweisanträgen in dem Berufungsverfahren fernerhin gehört zu werden. Entsch. d. OVG. v. 9. Jan. 1893, Entsch. i. St. Bd. I S. 94.

b) Beschwerde.

§ 44.

Gegen die Entscheidung der Berufungskommission steht sowohl den Steuerpflichtigen, als auch dem Vorsitzenden der Berufungskommission die Beschwerde an das Oberverwaltungsgericht zu. Die Beschwerde ist innerhalb der im §. 40 bestimmten Frist,[1]) seitens des Vorsitzenden der Berufungskommission bei dem Oberverwaltungsgericht, seitens der Steuerpflichtigen bei dem Vorsitzenden der Berufungskommission[2]) anzubringen und kann nur[3]) darauf gestützt werden:

1) daß die angefochtene Entscheidung auf der Nichtanwendung oder auf der unrichtigen Anwendung des bestehenden Rechts, insbesondere auch der von den Behörden innerhalb ihrer Zuständigkeit erlassenen Verordnungen beruhe;
2) daß das Verfahren an wesentlichen Mängeln leide.

In der Beschwerde ist anzugeben, worin die behauptete Nichtanwendung oder unrichtige Anwendung des bestehenden Rechts, oder worin die behaupteten Mängel des Verfahrens gefunden werden.

1) Vgl. Anm. 3a bis 3d zu § 40 d. Ges.

2) Gegen Entscheidungen der Berufungskommission eingelegte Beschwerden sind stets, auch wenn sie verspätet eingegangen sind, dem Kgl. OVG. vorzulegen. FME. v. 11. Okt. 1893 II. 13110. Mitth. H. 29 S. 13.

3a) Die Beschwerde soll, gleich der Revision im Verwaltungsstreitverfahren (§ 94 des Gesetzes über die allgemeine Landesverwaltung v. 30. Juli 1883), nur auf die im § 44 angegebenen Gründe gestützt werden dürfen und genügt in dieser Beschränkung auf die Fälle unrichtiger Rechtsanwendung dem Bedürfniß sowohl des Staatsfiskus, als der Steuerpflichtigen.

3b) Die Prüfung in der Beschwerdeinstanz erstreckt sich nur auf das bei der Fällung der angefochtenen Entscheidung beigebrachte und bekannte thatsächliche Material. Anführung neuer Thatsachen oder Beweismittel in der Beschwerdeschrift ist unwirksam. Entsch. d. OVG. v. 6. und 23. Febr. 1893, Entsch. i. St. Bd. I S. 188.

3c) Die in der Beschwerdeschrift aufgestellte Behauptung, daß das Ergebniß der Schätzung unrichtig sei, ist zur Begründung der Beschwerde nach § 44 des Gesetzes nicht geeignet. Entsch. d. OVG. v. 3. Nov. 1892, Entsch. i. St. Bd. I S. 33.

§ 45.

Der Vorsitzende der Berufungskommission überreicht die bei ihm eingegangene Beschwerde des Steuerpflichtigen mit seiner Gegenerklärung, soweit er solche für erforderlich erachtet, dem Oberverwaltungsgericht. Die Beschwerde des Vorsitzenden der Berufungskommission wird dem Steuerpflichtigen zur schriftlichen Gegenerklärung innerhalb einer bestimmten, von einer bis zu vier Wochen zu bemessenden Frist zugefertigt.

§ 46.

Das Oberverwaltungsgericht erläßt seine Entscheidungen in nicht öffentlicher Sitzung, der Regel nach ohne vorherige mündliche Anhörung des Steuerpflichtigen.

Es kann jedoch dem Steuerpflichtigen von Amtswegen oder auf Antrag Gelegenheit zur persönlichen Verhandlung über den Gegenstand der Beschwerde gewähren.

Bei seiner Entscheidung ist es an diejenigen Gründe nicht gebunden, welche zur Rechtfertigung der gestellten Anträge geltend gemacht worden sind.

§ 47.

Erachtet das Oberverwaltungsgericht die Beschwerde für begründet, so kann es die Angelegenheit zur anderweiten Entscheidung an die Berufungskommission zurückgeben oder selbst die Steuerfestsetzung berichtigen. Im ersteren Falle sind die von dem Gerichtshofe über die Auslegung und Anwendung der gesetzlichen Vorschriften gegebenen Weisungen zu befolgen.

§ 48.

Ueber Beschwerden, welche das Verfahren des Vorsitzenden der Berufungskommission aus Anlaß der nach §. 44 eingereichten Beschwerden betreffen, beschließt das Oberverwaltungsgericht.

§ 49.

Im Uebrigen finden auf das Verfahren zum Zwecke der Entscheidung über die Beschwerden (§. 44) die über das Verwaltungsstreitverfahren auf Klagen vor dem Oberverwaltungsgerichte bestehenden gesetzlichen Bestimmungen, insbesondere diejenigen des Gesetzes über die allgemeine Landesverwaltung vom 30. Juli 1883 (Gesetz-Samml. S. 195), des Gesetzes, betreffend die Verfassung der Verwaltungsgerichte ꝛc. vom $\frac{\text{3. Juli 1875}}{\text{2. August 1880}}$ (Gesetz-Samml. 1880 S. 328) und des Gesetzes zur Abänderung des §. 29 des letzteren vom 27. Mai 1888 (Gesetz-Samml. S. 226) mit der Maßgabe sinngemäße Anwendung,[1]) daß die Erhebung eines Pauschquantums auch dann stattfindet, wenn die Entscheidung ohne vorgängige mündliche Verhandlung erfolgt ist, und daß ein Anspruch auf Ersatz der Anwaltsgebühren nicht stattfindet.

1) Zu vgl. jedoch Ges. v. 26. März 1893 zur Abänderung der §§ 26—30 des Ges. v. $\frac{\text{3. Juli 1875}}{\text{2. Aug. 1880}}$ (Eintheilung der Senate des OVG. in Kammern).

6. Geschäftsordnung der Kommissionen.

§ 50.

Für sämmtliche Vorsitzende und Mitglieder der Voreinschätzungs-, Veranlagungs- und Berufungskommissionen sind Stellvertreter[1]) in gleicher Weise wie die Vorsitzenden oder Mitglieder zu ernennen beziehungsweise zu wählen. Die Bestimmungen im §. 34 Absatz 3 finden auf die Stellvertreter entsprechende Anwendung.

Wegen Annahme und Ablehnung der nach den Vorschriften dieses Gesetzes stattfindenden Ernennungen und Wahlen finden die Bestimmungen der §§. 8, 25 der

Kreisordnung vom 13. Dezember 1872 (Gesetz-Samml. S. 661) sinngemäße Anwendung.[2])

Als Mitglieder der Kommissionen sind, abgesehen von den durch die bezüglichen Bestimmungen vorgeschriebenen besonderen Voraussetzungen, nur solche Personen wählbar, welche das fünfundzwanzigste Lebensjahr vollendet haben und sich im Besitze der bürgerlichen Ehrenrechte befinden.

1) Die Ernennung und Wahl von Stellvertretern findet nicht in dem Sinne statt, daß für jedes Mitglied persönlich ein bestimmter Stellvertreter ernannt oder gewählt wird; nur das Verhältniß in der Zahl der zu wählenden und zu ernennenden Stellvertreter ist in gleicher Weise wie bei den Mitgliedern festzusetzen. Auch darf für ein gewähltes Mitglied nur ein gewählter, für ein ernanntes Mitglied nur ein ernannter Stellvertreter einberufen werden. FME. v. 19. Juni 1891 II. 7576 Ziffer 7. Mitth. H. 25 S. 18.

2) Danach gilt über zulässige Ablehnungsgründe Folgendes:

a) Es berechtigen zur Ablehnung:

1. Anhaltende Krankheit,
2. Geschäfte, die eine häufige oder lange andauernde Abwesenheit vom Wohnorte mit sich bringen,
3. das Alter von 60 Jahren,
4. die Verwaltung eines unmittelbaren Staatsamtes.
5. sonstige besondere Verhältnisse, welche eine gültige Entschuldigung begründen;

b) wenn die Amtsdauer mehr als 3 Jahre beträgt, so kann das Amt nach Ablauf von 3 Jahren niedergelegt werden,

c) wer das Amt während der vorgeschriebenen Dauer versehen hat, kann die Uebernahme desselben oder eines gleichartigen für die nächsten 3 Jahre ablehnen.

Auf unbegründete Ablehnung ist als Rechtsnachtheil gesetzt:

a) Ausschluß von der Ausübung des Rechts auf Theilnahme an der Vertretung und Verwaltung des Kreises, bezw. der Gemeinde auf die Dauer von 3—6 Jahren,

b) stärkere Heranziehung (um 1/8—1/4 stärker als die übrigen Kreis- bezw. Gemeindeangehörigen) zu den Kreis- bezw. Gemeindeabgaben auf dieselbe Dauer.

§ 51.[1])

Die Vorsitzenden der Kommissionen haben die letzteren zusammenzuberufen,[2]) deren Geschäfte vorzubereiten und zu leiten, sowie die nicht von ihnen durch Einlegung von Rechtsmitteln angefochtenen Kommissionsbeschlüsse auszuführen.

Nach Bedürfniß können zur Erledigung der den Kommissionen obliegenden Geschäfte Unterkommissionen gebildet werden.

Die Kommissionen beziehungsweise Unterkommissionen fassen ihre Beschlüsse nach Stimmenmehrheit. Dem Vorsitzenden steht volles Stimmrecht[3]) zu. Bei Stimmengleichheit entscheidet die Stimme des Vorsitzenden.

So lange über die Einschätzung oder Berufung eines Kommissionsmitgliedes oder seiner Verwandten oder Verschwägerten in auf- und absteigender Linie oder bis zum dritten Grade[4]) der Seitenlinien berathen und abgestimmt wird, hat dasselbe abzutreten.[5])

Ergeben sich diese Voraussetzungen hinsichtlich der Person des Vorsitzenden, so hat derselbe die Führung des Vorsitzes Einem der Kommissionsmitglieder zu übertragen.

Die Ausfertigung der Kommissionsbeschlüsse und Entscheidungen sind von dem Vorsitzenden zu vollziehen.

1) Vgl. Art. 68 d. A.

2) Es entspricht der Bestimmung im § 51 des Ges. v. 24. Juni 1891, bezw. Art. 68 der Anweisung v. 5. Aug. 1891, daß zu den Sitzungen sämmtliche Mitglieder der Berufungskommission eingeladen werden. Die Einberufung der Stellvertreter wird in Gemäßheit der Vorschriften im Abs. 5 und 6 des Art. 68 der Ausführungs-Anweisung der Regel nach auf Fälle dauernder Behinderung eines oder mehrerer Mitglieder zu beschränken sein. FME. v. 9. Nov. 1892 II. 14037. Mitth. H. 25 S. 32.

3) Die Beilegung des vollen Stimmrechtes an den Vorsitzenden ist eine Abweichung von dem früheren Rechte und nach den Motiven des Gesetzes zur Aufrechthaltung der vollen Autorität des Vorsitzenden gegenüber den Kommissionsmitgliedern erforderlich.

4) Vgl. ALR. Th. I Tit. 1 § 45: Die Grade der Verwandtschaft werden durch die Zahl der Geburten bestimmt, mittelst welcher zwei verwandte Personen auf einen gemeinschaftlichen Ursprung sich beziehen.

5) Ein Mitglied der Veranlagungs- bezw. Berufungskommission darf an der Berathung und Beschlußfassung in denjenigen Sachen nicht Theil nehmen, in denen er als Mitglied der Voreinschätzungs- bezw. Veranlagungskommission mitgewirkt hat. Zu vgl. FME. v. 19. Juni 1891 II. 7576 II. 6, Mitth. H. 25 S. 18 und v. 23. Juli 1892 II. 8889, Mitth. H. 25 S. 30.

§ 52.

Die Mitglieder der Kommissionen haben dem Vorsitzenden mittelst Handschlages an Eidesstatt zu geloben, daß sie bei den Kommissionsverhandlungen ohne Ansehen der Person, nach bestem Wissen und Gewissen verfahren und die Verhandlungen sowie die hierbei zu ihrer Kenntniß gelangenden Verhältnisse der Steuerpflichtigen strengstens geheim halten werden.

Das gleiche Gelöbniß haben vor einem von der Regierung zu ernennenden Kommissar diejenigen Vorsitzenden abzulegen, welche nicht schon als Beamte vereidigt sind.

Die bei der Steuerveranlagung betheiligten Beamten sind zur Geheimhaltung der Kommissionsverhandlungen sowie der zu ihrer Kenntniß gelangenden Verhältnisse der Steuerpflichtigen kraft des von ihnen geleisteten Amtseides verpflichtet. Die Steuererklärungen sind unter Verschluß aufzubewahren und dürfen, ebenso wie die Kommissionsverhandlungen über dieselben, nur zur Kenntniß [1]) durch ihren Amtseid zur Geheimhaltung verpflichteter Beamten gelangen.

1) Nach einer Erklärung des Herrn Regierungs-Vertreters (Komm.Ber. v. 2. Febr. 1891 S. 39) ist von dem Inhalte der Steuererklärungen auch den Voreinschätzungskommissionen keine Kenntniß zu geben.

§ 53.

Die von den Vorsitzenden der Kommissionen zu bewirkenden Zustellungen [1]) an Steuerpflichtige sind durch einen öffentlichen Beamten unter Bescheinigung der Behändigung auszuführen. Die Post kann um die Bewirkung der Zustellung ersucht werden. In beiden Fällen gilt die Zustellung für vollzogen, auch wenn die Annahme verweigert wird.

Sind Wohnsitz und Aufenthalt eines Steuerpflichtigen unbekannt, so kann die Zustellung an denselben durch Anheftung des zuzustellenden Schriftstückes an der zu Aushängen der Gemeinde des Veranlagungsortes bestimmten Stelle erfolgen. Die Zustellung gilt für vollzogen, wenn seit der Anheftung zwei Wochen verstrichen sind. Auf die Gültigkeit der Zustellung hat es keinen

Einfluß, wenn das Schriftstück von dem Orte der Anheftung zu früh entfernt wird.

Die außerhalb Preußens [2]) zu bewirkenden Zustellungen können mittelst eingeschriebener Briefe erfolgen. Die Zustellung gilt mit der Aufgabe zur Post für vollzogen.

1 a) Zu vgl. §§ 9—16 der Verordn. v. 7. Sept. 1879, betreffend das Verwaltungszwangsverfahren (GS. S. 591). Nach § 12 daselbst gelten für die Ausführung der Zustellungen die §§ 165—170 CPO. Von diesen bestimmt § 166: „Wird die Person, welcher zugestellt werden soll, in ihrer Wohnung nicht angetroffen, so kann die Zustellung in der Wohnung an einen zu der Familie gehörenden erwachsenen Hausgenossen oder an eine in der Familie dienende erwachsene Person erfolgen

Wird eine solche Person nicht angetroffen, so kann die Zustellung an den in demselben Hause wohnenden Hauswirth oder Vermiether erfolgen, wenn diese zur Annahme des Schriftstückes bereit sind."

1 b) In Betreff der Zustellung ist ein Hausverwalter als solcher nicht eine für die Bewohner des Hauses empfangsberechtigte Person. Entsch. d. OVG. v. 27. Febr. 1893, Entsch. i. St. Bd. I S. 209.

2 a) Innerhalb Preußens genügt eine Zusendung durch eingeschriebenen Brief nicht, um eine rechtsgültige Zustellung zu bewirken. Entsch. d. OVG. v. 14. Juni 1893, Entsch. i. St. Bd. II S. 65.

2 b) Die Zustellung der Benachrichtigungsschreiben an diejenigen im hiesigen Einschätzungsbezirke veranlagten Offiziere und Beamten, welche sich auf den außerhalb der heimischen Gewässer fahrenden Schiffen der Kaiserl. Marine befinden, erfolgt durch Ueberreichung dieser Benachrichtigungsschreiben an die Kaiserl. Admiralität. (FME. v. 28. Mai 1888 — II. 6269 —.)

§ 54.

Unterläßt der berechtigte Kommunalverband, ungeachtet gehöriger Aufforderung, die Wahl der Kommissionsmitglieder, oder verweigert eine Kommission die Erledigung der ihr übertragenen Geschäfte, so sind diese für die betreffende Veranlagungsperiode auf Verfügung der Aufsichtsbehörde von dem Vorsitzenden wahrzunehmen. Vor Beginn des nächsten Veranlagungsgeschäfts hat eine Neuwahl der wählbaren Kommissionsmitglieder zu erfolgen.

IV. Oberaufsicht.

§ 55.

Die oberste Leitung des Veranlagungsgeschäfts im Staate gebührt dem Finanzminister, welcher zugleich über Beschwerden gegen das Verfahren der Berufungskommissionen und der Vorsitzenden derselben, mit Ausnahme der Rechtsmittel (§. 44) zu entscheiden hat.

V. Veränderung der veranlagten Steuer innerhalb des Steuerjahres.

§ 56.

Die Veranlagung der Einkommensteuer erfolgt für jedes Rechnungsjahr (Steuerjahr).[1]

1) Das Steuerjahr ist das Etatsjahr und läuft vom 1. April bis letzten März. Siehe Ges. v. 29. Juni und v. 12. Juli 1876 (GS. S. 177 und 288).

§ 57.

Die Vermehrung des Einkommens während des laufenden Steuerjahres begründet keine Veränderung in der schon erfolgten Veranlagung.[1][2] Tritt die Vermehrung in Folge eines Erbanfalles[3]) ein, so sind die

Erben entsprechend der Vermehrung ihres Einkommens anderweit zu veranlagen und zur Entrichtung der Steuer von dem Beginne des auf den Anfall der Erbschaft folgenden Monats ab verpflichtet.[4])

1) In Betreff derjenigen Personen, welche in die Einkommensteuerliste nicht übernommen worden sind, weil ihr Einkommen den Betrag von 900 Mark nicht übersteigt, ist eine Veranlagung zur Einkommensteuer noch nicht erfolgt. Bei Erwerb eines höheren Einkommens im Laufe des Jahres findet daher die Veranlagung im Zugangswege statt. Min.Anm. zu Art. 72 d. A.

2) Im Falle einer Verheirathung während des Steuerjahres werden die Steuern beider Ehegatten bis zum Ablauf des Steuerjahres fort erhoben (Komm.Ber. d. HH. S. 13). Zu vgl. Art. 78 letzter Abs. d. A.

3a) Nach einem Erbanfalle hat eine Neuveranlagung der Erben zu erfolgen, sobald die Vermehrung ihres Einkommens festgestellt ist, auch wenn eine formelle Erbschaftsregulirung noch nicht stattgefunden hat. (Komm.Ber. d. HH. S. 13.)

3b) Nicht der Bezug von Einkünften aus einer Erbschaft, sondern das Recht auf solchen Bezug ist für die Besteuerung entscheidend. Entsch. d. OVG. v. 7. Febr. 1893, Entsch. i. St. Bd. I S. 168. Auch Entsch. d. OVG. v. 10. Okt. 1893, Entsch. i. St. Bd. II S. 244.

3c) Bei Nachveranlagung in Folge Erbanfalls ist die Einkommensvermehrung mit ihrem auf das ganze Steuerjahr zu berechnenden Betrage zu Grunde zu legen. Entsch. d. OVG. v. 11. Jan. 1894, Entsch. i. St. Bd. II S. 364.

4) Die Kommunen sind z. Z. nicht berechtigt, die wegen Erbschaft im Laufe des Jahres festgesetzten höheren Steuerbeträge mit Zuschlägen zu belegen. Entsch. d. OVG. v. 13. März 1894 (II. Senat). Vom 1. April 1895 ab gilt jedoch die Vorschrift des § 36 des Komm Abg.Ges. v. 14. Juli 1893, welche lautet:

„Die auf Grund der Einlegung von Rechtsmitteln, sowie die auf Grund der §§ 57, 58 des Einkommensteuergesetzes vom 24. Juni 1891 erfolgte Erhöhung und Ermäßigung der veranlagten Staatseinkommensteuer zieht die entsprechende Abänderung des Gemeindezuschlags nach sich."

§ 58.[1])

Wird nachgewiesen, daß während des laufenden Steuerjahres[2]) in Folge des Wegfalles[3]) einer Einnahmequelle[4]) oder in Folge außergewöhnlicher Unglücksfälle das Einkommen eines Steuerpflichtigen um mehr als den vierten Theil vermindert worden ist oder das wegfallende Einkommen anderweit zur Einkommensteuer herangezogen wird[5]) (§ 57), so kann vom Beginne des auf den Eintritt der Einkommensverminderung folgenden Monats ab eine dem verbliebenen Einkommen entsprechende Ermäßigung der Einkommensteuer beansprucht werden.[6])[7])

1) Zu vgl. Art. 73 d. A.

2a) Treten nach geschehener Veranlagung bis zum Beginne (1. April) des Steuerjahres Aenderungen in dem vorausgesetzten Stande der Einnahme ein, so können dieselben nur im Wege der Rechtsmittel — also nicht gemäß § 58 des Ges. — geltend gemacht werden. Art. 5 Ziffer 1 d. A.

2b) Der bisherigen Praxis entsprechend sind Veränderungen, welche unmittelbar mit, aber nicht vor dem Beginn des Steuerjahres eintreten, im Wege der Ermäßigung zu berücksichtigen. FME. v. 27. Okt. 1892 II. 12427, Mitth. H. 25 S. 74.

2c) Bei einer mit dem 1. April in Kraft tretenden Pensionirung ist, insofern die sonstigen Voraussetzungen zutreffen, auf Antrag Ermäßigung nach § 58 des Einkommensteuerges. zu gewähren. FME. v. 31. Okt. 1892 II. 13520, Mitth. H. 25 S. 75.

3) Indem das Gesetz den Anspruch auf Erlaß nicht wie bisher an den „Verlust" einer Einnahmequelle knüpft, sondern den „Wegfall" einer solchen für genügend erklärt, läßt es eine Voraussetzung fallen, welche bisher nicht selten die Ermäßigung in unbilliger

Weise ausschloß und zu Mißdeutungen bei der praktischen Handhabung Anlaß gab.

Außerdem ist der Ermäßigungsanspruch auf die Fälle einer Einkommensminderung durch außergewöhnliche Unglücksfälle ausgedehnt, welche früher nur einen Erlaß für die Klassensteuerpflichtigen begründeten.

4 a) Einnahmequellen sind z. B. Kapitalsbeträge, von welchen die Zinsen, Grundstücke, deren Erträge veranschlagt werden, Gewerbebetrieb, aus welchem der Reinertrag veranschlagt wird. (FME. v. 30. Nov. 1854 — III. 29596 —.)

Die kaufmännische Thätigkeit allein ist keine Erwerbsquelle, sondern das betriebene kaufmännische Gewerbe; durch eine Einstellung und Abmeldung eines Gewerbebetriebes fällt also eine Einnahmequelle weg. (FME. v. 26. Mai 1888 — II. 5848 —.)

4 b) Ein Steuererlaß ist nicht schon deshalb für ausgeschlossen zu erachten, weil an die Stelle der früheren Einnahmequelle — (des Gastwirthschaftsbetriebes) — eine andere (der Zinsgenuß des Kaufgeldes) getreten ist. Der Steuererlaß kann vielmehr in diesem Falle, wo unzweifelhaft eine Einnahmequelle (der Gastwirthschaftsbetrieb) erloschen ist, nur deshalb beanstandet werden, weil die eingetretene Verminderung des Gesammteinkommens nicht mehr als ein Viertel desselben beträgt. (FME. v. 16. Okt. 1882 — II. 11370 —.)

5 a) Zu vgl. Ber. d. Komm. d. H. d. Abg. S. 56. Wenn z. B. eine Ehefrau stirbt, so werden die Kinder derselben mit dem Einkommen aus ihren mütterlichen Erbtheilen nach § 57 für den Rest des Steuerjahres veranlagt, bei dem überlebenden Ehegatten, dessen veranlagtes Einkommen um den Gesammtbetrag des Einkommens aus den den Kindern zugefallenen Vermögenstheilen thatsächlich verringert wird, verhütet diese Vorschrift eine ungerechtfertigte, objektive Doppelbesteuerung.

5 b) Ueber Beschränkung der Voraussetzung des § 58, „daß das wegfallende Einkommen anderweit herangezogen werde", auf Fälle des Erbganges ist zu vgl. der FME. v. 12. Nov. 1892 II. 14182, Mitth. H. 26 S. 26.

6) Die Ermäßigung der veranlagten Steuer kann nicht davon abhängig gemacht werden, daß der erforderliche Erlaßantrag noch im Laufe des Steuerjahres gestellt wird. (FME. v. 17. Nov. 1886 — II. 12447 —.)

7a) Bei einem Agenten, der in einen anderen Ort verzieht und dort sein Gewerbe weiter betreibt, ist der Wegfall einer Einnahmequelle nicht eingetreten. FME. v. 27. Okt. 1892 II. 13469, Mitth. H. 25 S. 74.

7b) Tritt an Stelle eines Dienst- oder Lohnverhältnisses als Grubenarbeiter die Beschäftigung als gewöhnlicher ländlicher Arbeiter und wird dadurch eine dauernde und bedeutende Schmälerung des Arbeitsverdienstes herbeigeführt, so ist die Anwendung des § 58 nicht ausgeschlossen. FME. v. 24. Jan. 1893 II. 805, Mitth. H. 26 S. 25.

7c) Die zur Deckung einer Schuld erfolgenden Gehaltsabzüge stellen den Wegfall einer Einnahmequelle nicht dar. FME. v. 2. Jan. 1893 II. 16403, Mitth. H. 26 S. 26.

7d) In der zeitweiligen Ertragslosigkeit von Aktien kann weder der Wegfall einer Einnahmequelle noch ein außergewöhnlicher Unglücksfall im Sinne des § 58 des Einkommensteuergesetzes gefunden werden. FME. v. 19. Nov. 1892 II. 13883 Mitth. H. 26 S. 26.

7e) Die Voraussetzungen des Wegfalls einer Einnahmequelle treffen nicht zu, wenn die bei der Veranlagung vorhandenen Kapitalien ganz oder zum Theil blos zum Zweck einer anderweiten wirthschaftlichen Anlage, z. B. für den Ankauf eines Grundbesitzes eingezogen und verwendet worden sind. FME. v. 14. August 1893 II. 10516, Mitth. H. 29 S. 18.

7f) Bei einem auf seine Arbeitskraft angewiesenen Steuerpflichtigen bildet Krankheit eine sich täglich erneuernde Ursache des Wegfalls der Einnahmequelle. Es ist daher für die Anwendung des § 58 unerheblich, ob der Steuerpflichtige bereits vor Beginn des Steuerjahres krank war oder nicht. FME. v. 14. August 1893 II. 10620, Mitth. H. 29 S. 18.

§ 59.

Im Uebrigen tritt innerhalb des Steuerjahres eine Veränderung in den Steuerrollen nur ein entweder in

Folge von Zugängen, indem Personen durch Zuzug aus anderen Bundesstaaten und aus dem Auslande, durch Austritt aus einer besteuerten Haushaltung, durch Ausscheiden aus dem Militärdienst u. s. w. steuerpflichtig werden, oder in Folge von Abgängen, indem bei Steuerpflichtigen die Voraussetzungen, an welche die Steuerpflicht geknüpft ist, erlöschen.[1])

Die Zu- und Abgangstellung erfolgt von dem Beginne des auf den Eintritt beziehungsweise das Erlöschen der Steuerpflicht folgenden Monats ab.

1) Das Nähere über Zugangs- und Abgangsfälle siehe Art. 76 und 78 d. A., über die Behandlung der Zugänge Art. 77, über das Verfahren bei der Abgangstellung Art. 79 a. a. O.

§ 60.

Ueber die Steuerermäßigung (§. 58) hat die Regierung auf den bei dem Vorsitzenden der Veranlagungskommission zu stellenden Antrag zu befinden. Gegen ihre Entscheidung steht dem Steuerpflichtigen binnen einer Ausschlußfrist von vier Wochen die bei der Regierung einzulegende Beschwerde an den Finanzminister offen.[1])

In den Fällen der §§. 57 und 59 trifft der Vorsitzende der Veranlagungskommission die vorläufige Entscheidung[2]) über den zu entrichtenden Steuersatz und den Zeitpunkt der Zu- oder Abgangstellung.

Die Feststellung der Abgangslisten, welche in den vom Finanzminister zu bestimmenden Fristen einzureichen sind, steht der Regierung zu. Gegen die Entscheidung der Regierung ist die Beschwerde nach Maßgabe der Bestimmungen im Absatz 1 gestattet.

Die Veranlagung bei Zugangstellungen und Steuererhöhungen erfolgt halbjährlich.

Die Steuerpflichtigen[3]) sind nach Maßgabe des §. 25 zur Abgabe von Steuererklärungen berechtigt beziehungsweise verpflichtet.

1) Zu vgl. Art. 74 d. A.

2) Zu vgl. Art. 77 d. A.

3) Sowohl in den Fällen des § 59 des Ges. wie auch bei Neuveranlagungen in Folge von Erbfällen aus § 57 des Ges.

§ 61.

Steuerpflichtige, welche im Laufe des Steuerjahres ihren Wohnsitz verändern, haben sich bei dem Gemeinde-(Guts-)vorstande des Abzugsortes ab- und bei dem des Anzugsortes, binnen vierzehn Tagen nach erfolgtem Anzuge, anzumelden und gleichzeitig über ihre erfolgte Veranlagung zur Einkommensteuer auszuweisen.[1])

Insofern die polizeiliche Ab- und Anmeldung nicht bei dem Gemeinde-(Guts-)vorstande, sondern bei einer anderen Behörde stattzufinden hat, vertritt die Ab- beziehungsweise Anmeldung bei der letzteren die Ab- beziehungsweise Anmeldung bei dem Gemeinde-(Guts-) vorstande.

Den Gemeinde-(Guts-)vorständen liegt nach den vom Finanzminister hierüber zu treffenden Anordnungen die Führung der Zu- und Abgangslisten ob.

1) Strafvorschrift vgl. § 68 Abs. 2.

VI. Steuererhebung.

§ 62.

Die veranlagte Steuer ist in vierteljährlichen Beträgen in der ersten Hälfte des zweiten Monats eines jeden Vierteljahres an die von der Steuerbehörde zu bezeichnende Empfangsstelle abzuführen.

Es steht dem Steuerpflichtigen frei, die ihm auferlegte Steuer auf mehrere Vierteljahre bis zum ganzen Jahresbetrage im Voraus zu zahlen.

§ 63.

Die Zahlung der veranlagten Steuer wird durch die Einlegung von Rechtsmitteln nicht aufgehalten, muß vielmehr, mit Vorbehalt späterer Erstattung, in den vorgeschriebenen Fristen erfolgen.[1])

[1]) Die Stundung der Einkommensteuer dürfen die Regierungen nach Maßgabe der durch die Allerh. Kab.Ord. v. 31. Dez. 1825 genehmigten Geschäftsanweisung von demselben Tage bewilligen. Art. 82 Ziffer 5 d. A. Jene Vorschriften lauten:

Abschnitt I. C.: Stundungen darf die Abtheilung (für direkte Steuern, Domänen und Forsten) ohne höhere Genehmigung nur in folgenden Fällen bewilligen:

2c. 2c.

3. Außerdem kann die Abtheilung den Zahlungspflichtigen Stundung auf Pächte, Zinsen und andere Gefälle bewilligen jedoch nur als Ausnahme von der Regel, und darf diese Stundung den Termin des Jahres-Rechnungsabschlusses nicht übersteigen.

Abschnitt II. C.: In außerordentlichen Fällen, und wo die betreffende Abtheilung sich überzeugt hält, daß das Rückbleiben der Steuern durch unverschuldeten und vorübergehenden Nothstand der

Pflichtigen veranlaßt wird, bleibt ihr zwar die Befugniß, für dergleichen Pflichtige eine Stundung der Steuer vorübergehend zu bewilligen, doch darf diese Stundung niemals über den zum Rechnungsabschluß jeden Jahres bestimmten Termin hinaus sich erstrecken. Auch kann diese Stundung bewilligt werden, wo Steuererlaß höhern Orts zu bevorworten ist; es muß aber in diesem Falle die Berichtserstattung gleichzeitig mit der Stundung erfolgen."

Durch die Ausführungsanweisung ist das Recht der Stundung im Berufungsverfahren für gewisse Fälle dem Vorsitzenden der Veranlagungskommission delegirt.

Zur Stundung über den Rechnungsabschluß hinaus ist die Genehmigung des Finanzministers erforderlich.

§ 64.

Veranlagte Einkommensteuerbeträge können in einzelnen Fällen niedergeschlagen[1]) werden, wenn deren zwangsweise Beitreibung die Steuerpflichtigen in ihrer wirthschaftlichen Existenz gefährden, oder wenn das Beitreibungsverfahren voraussichtlich ohne Erfolg sein würde.

1 a) Die diskretionäre Befugniß der Verwaltung, veranlagte Steuerbeträge auch ohne den vorgängigen Nachweis der Unbeitreiblichkeit in einzelnen Fällen niederzuschlagen (§ 64), entspricht einem in der Praxis hervorgetretenen Bedürfniß. Theils handelt es sich nach den Motiven des Gesetzes darum, die nachtheiligen Folgen des Zwangsverfahrens in solchen Fällen abzuwenden, in welchen die nachsichtslose Durchführung desselben dem Steuerzahler einen unwiederbringlichen wirtschaftlichen Schaden zufügen würde; theils liegt es im Interesse der Steuerverwaltung selbst, zur Ersparung von Arbeit und Kosten die buchmäßige Beseitigung von Resten zu ermöglichen, welche voraussichtlich unbeitreiblich sein werden, weil z. B. der Steuerschuldner im Auslande lebt,

latitirt oder in Vermögensverfall gerathen ist. Begr. d. Reg.-Vorlage S. 67.

1b) Zu § 64 wurde durch eine Erklärung des Herrn Regierungskommissars festgestellt, daß die Entscheidung über die Niederschlagung dem Finanzminister zustehen soll, aber von diesem delegirt werden kann. (Komm.Ber. d. H. d. Abg. v. 2. Febr. 1891 S. 58.)

1c) Vgl. Art. 82 Ziffer 6 und 7 d. A., nach welchen Vorschriften die Regierung zur Niederschlagung ermächtigt ist, wenn das Beitreibungsverfahren voraussichtlich ohne Erfolg sein würde, weil der Steuerpflichtige gänzlich unvermögend oder sein Aufenthalt nicht zu ermitteln ist, dagegen der Genehmigung des Finanzministers bedarf, wenn die Steuer aus dem Grunde niedergeschlagen werden soll, weil die zwangsweise Beitreibung den Steuerpflichtigen in seiner wirthschaftlichen Existenz gefährden würde.

§ 65.

Die veranlagte Steuer ist nicht zu erheben:

1) von den Unteroffizieren und Mannschaften des Beurlaubtenstandes, welche mit einem Einkommen von nicht mehr als 3000 Mark veranlagt sind, für diejenigen Monate, in denen sie sich im aktiven Dienste befinden;

2) von dem Diensteinkommen der Reichs- und Staatsbeamten und Offiziere während der Zugehörigkeit derselben zur Besatzung eines zum auswärtigen Dienst bestimmten Schiffes oder Fahrzeuges der Kaiserlichen Marine, und zwar vom Ersten desjenigen Monats ab, welcher auf den Monat folgt, in welchem die heimischen Gewässer verlassen werden, bis zum Ablauf des Monats, in welchem die Rückkehr in dieselben erfolgt.

VII. Strafbestimmungen.

§ 66.

Wer wissentlich in der Steuererklärung oder bei Beantwortung der von zuständiger Seite an ihn gerichteten Fragen, oder zur Begründung eines Rechtsmittels

a) über sein steuerpflichtiges Einkommen oder über das Einkommen der von ihm zu vertretenden Steuerpflichtigen unrichtige oder unvollständige Angaben macht, welche geeignet sind, zur Verkürzung der Steuer zu führen,

b) steuerpflichtiges Einkommen, welches er nach den Vorschriften dieses Gesetzes anzugeben verpflichtet ist, verschweigt,

wird, wenn eine Verkürzung des Staates stattgefunden hat, mit dem vier- bis zehnfachen Betrage der Verkürzung, anderenfalls mit dem vier- bis zehnfachen Betrage der Jahressteuer, um welche der Staat verkürzt werden sollte, mindestens aber mit einer Geldstrafe von einhundert Mark, bestraft.[1])

An die Stelle dieser Strafe tritt eine Geldstrafe von zwanzig bis einhundert Mark, wenn aus den Umständen zu entnehmen ist, daß die unrichtige oder unvollständige Angabe oder die Verschweigung steuerpflichtigen Einkommens zwar wissentlich,[2]) aber nicht in der Absicht der Steuerhinterziehung erfolgt ist.

Derjenige Steuerpflichtige, welcher, bevor eine Anzeige erfolgt oder eine Untersuchung eingeleitet ist,[3]) seine Angabe an zuständiger Stelle berichtigt oder ergänzt, beziehungsweise das verschwiegene Einkommen angiebt und die vorenthaltene Steuer in der ihm gesetzten Frist entrichtet, bleibt straffrei.

1) Vergehen und Uebertretungen, welche durch Zuwiderhandlungen gegen die Vorschriften über die Entrichtung der Steuern begangen werden, verjähren in fünf Jahren. Vgl. Art. 5 des Ges., betr. einige Ergänzungen des Einführungsgesetzes zum StrGB. v. 22. Mai 1852 und § 2 Abs. 2 des Einführungsgesetzes zum StrGB. für den Norddeutschen Bund v. 31. Mai 1870.

2) Auf eine Anfrage während der Berathung des Gesetzes über die Bedeutung der Worte „zwar wissentlich, aber nicht in der Absicht der Steuerhinterziehung" erwiderte der Herr Regierungskommissar, daß hierunter namentlich die Fälle begriffen seien, in denen der Zensit in Folge eines Rechtsirrthums unrichtige Angaben mache.

3 a) Eine Untersuchung gilt als eingeleitet, sobald der Vorsitzende der Veranlagungskommission innerhalb seiner Zuständigkeit die erste Maßnahme zur Feststellung des Thatbestandes ergriffen hat. FME. v. 29. März 1893 II. 4427. Mitth. H. 26 S. 33.

3 b) Erhebungen zum Zwecke der Veranlagung oder der Erörterung eines Rechtsmittels sind noch nicht als Einleitung einer Untersuchung anzusehen. Vgl. Art. 84 Nr. 1 d. A. und FME. v. 29. März 1893 II. 4427. Mitth. H. 26 S. 33.

§ 67.

Die Einziehung der hinterzogenen Steuer erfolgt neben und unabhängig von der Strafe.

Die Verbindlichkeit zur Nachzahlung der Steuer verjährt in zehn Jahren und geht auf die Erben, jedoch für diese mit einer Verjährungsfrist von fünf Jahren [1]) und nur auf Höhe ihres Erbantheils, über. Die Verjährungsfrist beginnt mit Ablauf des Steuerjahres, in welchem die Hinterziehung begangen wurde.

Die Festsetzung der Nachsteuer steht der Regierung zu, gegen deren Entscheidung nur Beschwerde an den Finanzminister zulässig ist.

1) Die Kommission d. H. d. Abg. (Bericht v. 2. Febr. 1891, S. 58) sprach bei dieser Bestimmung die Absicht aus, daß den Erben auch bei dieser Frist die zu Lebzeiten des Erblassers verlaufene Frist mit angerechnet werden soll.

§ 68.

Wer die in Gemäßheit des §. 22 von ihm erforderte Auskunft verweigert oder ohne genügenden Entschuldigungsgrund in der gestellten Frist gar nicht oder unvollständig oder unrichtig ertheilt, wird mit einer Geldstrafe bis dreihundert Mark bestraft.

Wer der im §. 61 vorgeschriebenen Verpflichtung zur An- und Abmeldung nicht rechtzeitig nachkommt, wird mit Geldstrafe bis zu zwanzig Mark bestraft.

§ 69.

Die bei der Steuerveranlagung betheiligten Beamten sowie die Mitglieder der Kommissionen werden, wenn sie die zu ihrer Kenntniß gelangten Erwerbs-, Vermögens- oder Einkommensverhältnisse eines Steuerpflichtigen, insbesondere auch den Inhalt einer Steuererklärung oder der darüber gepflogenen Verhandlungen unbefugt offenbaren, mit Geldstrafe bis zu eintausendfünfhundert Mark oder mit Gefängniß bis zu drei Monaten bestraft.

Die Verfolgung findet nur auf Antrag der Regierung oder des betroffenen Steuerpflichtigen statt.

§ 70.

Die auf Grund der §§. 66, 68 und 69 festzusetzenden, aber unbeitreiblichen Geldstrafen sind nach Maßgabe der für Uebertretungen geltenden Bestimmungen des Strafgesetzbuches für das Deutsche Reich (§§. 28 und 29)[1]) in Haft umzuwandeln.

Die Untersuchung und Entscheidung in Betreff der in den §§. 66 und 68 bezeichneten strafbaren Handlungen steht dem Gericht zu, wenn nicht der Beschuldigte die von der Regierung vorläufig festgesetzte Geldstrafe nebst den durch das Verfahren gegen ihn entstandenen Kosten binnen einer ihm bekannt gemachten Frist freiwillig zahlt.

Die Regierungen sind ermächtigt, hierbei eine mildere als die im §. 66 vorgeschriebene Strafe in Anwendung zu bringen.

Hat der Beschuldigte in Preußen keinen Wohnsitz, so erfolgt das Einschreiten des Gerichts ohne vorläufige Festsetzung der Strafe durch die Regierung. Dasselbe findet statt, wenn die Regierung aus sonstigen Gründen von der vorläufigen Festsetzung der Strafe Abstand zu nehmen erklärt oder der Angeschuldigte hierauf verzichtet.

Die Entscheidung wegen der hinterzogenen Steuer verbleibt in allen Fällen den Verwaltungsbehörden.

In Betreff der Zuwiderhandlungen wegen der Verpflichtung zur Geheimhaltung (§. 69) findet nur das gerichtliche Strafverfahren statt.

1) Strafgesetzbuch für das Deutsche Reich:

§ 28. Eine nicht beizutreibende Geldstrafe ist in Gefängniß und, wenn sie wegen einer Uebertretung erkannt worden ist, in Haft umzuwandeln.

Ist bei einem Vergehen Geldstrafe allein oder an erster Stelle, oder wahlweise neben Haft angedroht, so kann die Geldstrafe in Haft umgewandelt werden, wenn die erkannte Strafe nicht den Betrag von sechshundert Mark und die an ihre Stelle tretende Freiheitsstrafe nicht die Dauer von sechs Wochen übersteigt.

War neben der Geldstrafe auf Zuchthaus erkannt, so ist die an deren Stelle tretende Gefängnißstrafe nach Maßgabe des §. 21 in Zuchthausstrafe umzuwandeln.

Der Verurtheilte kann sich durch Erlegung des Strafbetrages, soweit dieser durch die erstandene Freiheitsstrafe noch nicht getilgt ist, von der letzteren freimachen.

§ 29. Bei Umwandlung einer wegen eines Verbrechens oder Vergehens erkannten Geldstrafe ist der Betrag von drei bis zu funfzehn Mark, bei Umwandlung einer wegen einer Uebertretung erkannten Geldstrafe der Betrag von Einer bis zu funfzehn Mark einer eintägigen Freiheitsstrafe gleich zu achten.

Der Mindestbetrag der an Stelle einer Geldstrafe tretenden Freiheitsstrafe ist Ein Tag, ihr Höchstbetrag bei Haft sechs Wochen, bei Gefängniß Ein Jahr. Wenn jedoch eine neben der Geldstrafe wahlweise angedrohte Freiheitsstrafe ihrer Dauer nach den vorgedachten Höchstbetrag nicht erreicht, so darf die an Stelle der Geldstrafe tretende Freiheitsstrafe den angedrohten Höchstbetrag jener Freiheitsstrafe nicht übersteigen.

VIII. Kosten.

§ 71.

Die Kosten der Steuerveranlagung und Erhebung fallen der Staatskasse zur Last. Jedoch sind diejenigen Kosten, welche durch die gelegentlich der eingelegten Rechtsmittel erfolgenden Ermittelungen veranlaßt werden, von dem Steuerpflichtigen zu erstatten, wenn sich seine Angaben in wesentlichen Punkten als unrichtig erweisen. Die Festsetzung der zu erstattenden Kosten erfolgt durch

die Regierung, gegen deren Entscheidung nach Maßgabe des §. 60 Absatz 1 die Beschwerde an den Finanzminister gestattet ist.

§ 72.

Die Mitglieder der Kommissionen erhalten Reise- und Tagegelder nach Maßgabe der Verordnung, betreffend die Tagegelder und Reisekosten u. s. w., vom 20. Dezember 1876 (Gesetz-Samml. 1877 S. 3).[1][2][3][4]

Die Gebühren für Zeugen und Sachverständige (§. 38) werden nach den in Civilprozessen zur Anwendung kommenden Vorschriften berechnet.[5]

1) Hierzu bestimmt das Ges. v. 22. April 1892, betr. die Deklaration der Vorschriften § 72 Abs. 1 des Einkommensteuerges. u. s. w. (GS. S. 93):

> Die Vorschriften des § 72 Abs. 1 des Einkommensteuerges. v. 24. Juni 1891 (GS. S. 175) und § 51 Abs. 1 des Gewerbesteuerges. v. 24. Juni 1891 (GS. S. 205) werden dahin deklarirt, daß die daselbst vorgesehenen Sätze der Tagegelder und Reisekosten im Wege der Königl. Verordn. gemäß § 12 des Ges., betr. die Reisekosten und Tagegelder der Staatsbeamten v. $\frac{\text{24. März 1873}}{\text{15. April 1876}}$ geändert oder neu bestimmt werden können.

Durch Königl. Verordn. v. 4. Juli 1892 (GS. S. 201) ist sodann bestimmt worden, daß erhalten:

A. Tagegelder:

a) die Mitglieder der Einkommensteuer-Berufungskommissionen (§ 41 des Einkommensteuergesetzes) 12 Mark;

b) die Mitglieder der Einkommensteuer-Veranlagungskommissionen (§ 34 a. a. O.) 9 Mark;

c) . . . .

d) die Mitglieder der Voreinschätzungskommissionen (§ 31 a. a. O.) 2 Mark 50 Pf.

B. Reisekosten:

I. bei Reisen, welche auf Eisenbahnen oder Dampfschiffen gemacht werden können:

1. die Mitglieder der Berufungs- und Veranlagungskommissionen 13 Pfennige für das Kilometer und 3 Mark für jeden Zu- und Abgang;
2. die Mitglieder der Voreinschätzungskommissionen fünf Pfennige für das Kilometer.

II. bei Reisen, welche nicht auf Eisenbahnen oder Dampfschiffen zurückgelegt werden können:

die Mitglieder der Berufungskommissionen 60 Pfennige, die der Veranlagungskommissionen 40 Pfennige, die der Voreinschätzungskommissionen 10 Pfennige für das Kilometer.

2 a) Für Geschäfte am Wohnorte werden weder Tagegelder noch Reisekosten gezahlt. Dasselbe gilt von Geschäften außerhalb des Wohnorts in geringerer Entfernung als 2 Kilometer von demselben. Nöthigen jedoch außergewöhnliche Umstände zur Benutzung eines Fuhrwerks, oder sind sonstige nothwendige Unkosten, wie Brücken- und Fährgeld aufzuwenden, so werden die Auslagen erstattet. Bei Berechnung der Entfernungen wird jedes angefangene Kilometer für ein volles gerechnet. Bei Reisen von nicht weniger als 2 Kilometer, aber unter 8 Kilometer sind die Fuhrkosten für 8 Kilometer zu gewähren. Vgl. § 12 Abs. 5, 6 und 7 der Verordn., betr. die Tagegelder und Reisekosten der Staatsbeamten v. 15. April 1876 (GS. S. 107). Zu vgl. auch FME. v. 2. Aug. 1892 $\frac{\text{II. 9715}}{\text{I. 11253}}$.

2 b) Auf Antrag der Betheiligten kann die Regierung **Versäumnißgebühren** bewilligen:

denjenigen Vorsitzenden und Mitgliedern von Voreinschätzungskommissionen in vereinigten Voreinschätzungsbezirken, welchen nicht ein Anspruch auf Reisekosten und Tagegelder zusteht.

Voraussetzung der Bewilligung ist eine Versäumniß. Die Versäumnißgebühren dürfen nicht den Betrag von 2 Mark 50 Pf. für jeden vollen Sitzungstag überschreiten.

Zu vgl. FME. v. 28. Mai 1894 $\frac{\text{II. 6384}}{\text{I. 7957}}$, abgedruckt als Nr. 6 des Anhangs zur Ausführungsanweisung v. 5. Aug. 1891, Th. II. Zweite Ausgabe.

3) Die zu Mitgliedern einer Kommission gewählten oder ernannten Staatsbeamten sind zum Bezuge von Reise- und Tagegeldern nur nach Maßgabe der für die Kommissionsmitglieder geltenden Bestimmungen berechtigt. FME. v. 28. Okt. 1891 II. 14037. Mitth. H. 25 S. 81.

4 a) Die nach § 72 des Einkommensteuergesetzes den Vorsitzenden und Mitgliedern der Voreinschätzungskommissionen zustehenden Reisekosten und Tagegelder gebühren denselben aus der Staatskasse nur für die Geschäfte, welche sich auf die Einkommensteuerveranlagung beziehen.

Bei Berechnung der Reisekosten und Tagegelder müssen daher, insoweit eine derartige Trennung ohne Schwierigkeit ausführbar ist, die zum Zwecke der Gemeindesteuerveranlagung etwa gemachten besonderen Reisen, sowie die auf dieselbe etwa verwendeten besonderen Geschäftstage außer Betracht bleiben. FME. v. 19. Jan. 1892 II. 647. Mitth. H. 25 S. 83.

4 b) Den Mitgliedern der Veranlagungskommissionen steht auf Grund des § 72 des Einkommensteuergesetzes gegen die Staatskasse ein Anspruch auf Tagegelder und Reisekosten auch für Wahrnehmung von Terminen zu, welche ausschließlich die Entscheidung von Berufungen gegen die zu kommunalen Zwecken erfolgte Veranlagung zum Gegenstande haben. FME. v. 5. Sept. 1892 II. 13949. Mitth. H. 25 S. 85.

4 c) Den seitens der Vorsitzenden der Veranlagungskommissionen zur Prüfung der Einkommensteuerlisten herangezogenen Mitgliedern der Voreinschätzungskommissionen sind Reisekosten und Tagegelder nach den Sätzen der Allerh. Verordn. v. 4. Juli 1892 zu gewähren.

Die einer Einkommensteuerkommission als Mitglied nicht angehörigen Gemeindevorsteher, welche in dieser Eigenschaft zu den Vorarbeiten für die Einkommensteuerveranlagung herangezogen sind, haben einen Anspruch auf Reisekosten und Tagegelder gegen die Staatskasse nicht. FME. v. 25. Nov. 1892 II. 14782. Mitth. H. 26 S. 32.

5) Zu vgl. § 366 und 378 CPO. v. 30. Jan. 1877 und Gebührenordn. für Zeugen und Sachverständige v. 30. Juni 1878 (GS. S. 173).

§ 73.

Den Gemeinden (Gutsbezirken) werden als Vergütung[1]) für die bei Veranlagung der Steuer ihnen übertragenen Geschäfte zwei Prozent der eingegangenen Steuer gewährt.[2])

Hinsichtlich der örtlichen Erhebung der Steuer verbleibt es bis auf Weiteres bei den bestehenden Bestimmungen mit der Maßgabe, daß die bisher zur örtlichen Erhebung der Klassensteuer verpflichteten Gemeinden (Gutsbezirke) die Steuer von Einkommen von nicht mehr als 3000 Mark zu erheben haben.

Diejenigen Gemeinden (Gutsbezirke), welchen die Steuererhebung übertragen ist, erhalten für dieselbe eine Vergütung von zwei Prozent der Isteinnahme der zu erhebenden Steuern.[3])

1) Früher betrugen die den Gemeinden für die örtliche Erhebung und für die Veranlagung der Klassensteuer bewilligten Gebühren sechs Prozent der eingezogenen Steuer, wovon drei Prozent für die Veranlagung gerechnet wurden. (§ 1 des Ges. v. 2. Jan. 1874 — GS. S. 9 —, § 6 des Ges. v. 16. Juli 1880 — GS. S. 287 —, § 5 des Ges. v. 26. März 1883 — GS. S. 37 —). Die Gebührensätze von 2 % für die Veranlagung und 2 % für die Erhebung sind nach den Motiven des Gesetzes als eine ausreichende Vergütung mit Rücksicht darauf zu erachten, daß die Veranlagungsgebühr künftig auch von der für die Einkommen über 3000 Mark eingegangenen Steuer gewährt werden soll.

2) Vom 1. April 1895 ab gilt § 16 Abs. 1 des Ges. wegen Aufhebung direkter Staatssteuern v. 14. Juli 1893, welcher bestimmt:

Die gesetzlichen Bestimmungen über die Ansprüche der Gemeinden (Gutsbezirke) auf den Bezug von Vergütungen für die bei der Veranlagung der . . . Einkommensteuer ihnen übertragenen Geschäfte (. . . Einkommensteuerges. v. 24. Juni 1891 § 73 Abs. 1) treten außer Kraft.

3) Zu vgl. § 16 Abs. 2 des Ges. wegen Aufhebung direkter Staatssteuern v. 14. Juli 1893, nach welcher Bestimmung den Gemeinden und selbstständigen Gutsbezirken durch Königliche Verordnung die Verpflichtung auferlegt werden kann, in ihren Bezirken die Elementarerhebung der sämmtlichen direkten Staatssteuern und die Abführung der erhobenen Beträge an die zuständigen Staatskassen ohne Vergütung zu bewirken.

IX. Heranziehung zu Kommunalabgaben sowie Regelung des Wahlrechts.

§ 74.

Sind zu den Beiträgen und Lasten, welche kommunale und andere öffentliche (Schul-, Kirchen- u. s. w.) Verbände nach dem Maßstabe der Einkommensteuer aufzubringen beziehungsweise zu vertheilen haben, Personen mit Einkommen von nicht mehr als 900 Mark heranzuziehen, so erfolgt deren Veranlagung auf Grund nachstehender fingirter Normalsteuersätze:[1])

bei einem Jahreseinkommen von mehr als	bei einem Jahreseinkommen bis einschließlich	Jahressteuer
— Mark	420 Mark	²/₅ Prozent des ermittelten steuerpflichtigen Einkommens bis zum Höchstbetrage von 1,20 Mark
420 „	660 „	2,40 „
660 „	900 „	4,00 „

Die vorbezeichneten Personen können, wenn die Deckung des Bedarfs des betreffenden Verbandes ohne deren Heranziehung gesichert ist, von der Beitragspflicht entbunden oder mit einem geringeren Prozentsatze als das höhere Einkommen herangezogen werden; ihre Freilassung muß erfolgen, sofern sie im Wege der öffentlichen Armenpflege fortlaufende Unterstützung erhalten.

1) Nach den Motiven zum Gesetz gestattet es die Rücksicht auf die finanzielle Lage der Kommunalverbände nicht, die im § 5 des Gesetzes gezogene Grenze der Steuerpflicht (bis 900 Mark) auch für die Erhebung von Kommunaleinkommensteuern vorzuschreiben. Bei Durchführung dieser Maßregel würde die Aufbringung der Deckungsmittel für den Haushaltsbedarf namentlich in solchen Gemeinden auf Schwierigkeiten stoßen, in welchen Steuerpflichtige mit einem höheren Einkommen gar nicht oder nur in verhältnißmäßig geringer Zahl vorhanden sind. Um für die Heranziehung der Personen mit einem Einkommen bis einschließlich 900 Mark zu den nach dem Fuße der Staatseinkommensteuer aufzubringenden Abgaben der kommunalen und öffentlichen Verbände eine geeignete Grundlage zu schaffen, bestimmt das Gesetz fingirte Normalsteuersätze, welche sich unter Festhaltung der bisherigen Klassensteuerstufen dem Steuertarif des § 17 angemessen anschließen.

§ 75.

Die Veranlagung (§. 74) geschieht durch die Voreinschätzungskommissionen (§. 31) unter Anwendung der Bestimmungen dieses Gesetzes.

Die Beschlüsse der Voreinschätzungskommission unterliegen der Prüfung des Vorsitzenden der Veranlagungskommission; beanstandet derselbe einen Beschluß, so erfolgt die Festsetzung des Steuersatzes durch die Veranlagungskommission.

Die festgesetzte Steuerliste ist vierzehn Tage lang öffentlich auszulegen und der Beginn der Auslegung in ortsüblicher Weise bekannt zu machen.

Gegen die Veranlagung steht dem Steuerpflichtigen binnen einer Ausschlußfrist von vier Wochen nach Ablauf der Auslegungsfrist die Berufung[1]) zu und zwar

a) wenn die Veranlagung durch die Voreinschätzungskommission ohne Beanstandung erfolgt ist, an die Veranlagungskommission,

b) wenn die Festsetzung des Steuersatzes durch die Veranlagungskommission stattgefunden hat, an die Berufungskommission.

1) Das Rechtsmittel der Beschwerde an das Oberverwaltungsgericht ist diesen Steuerpflichtigen nicht gegeben. Die Entscheidung der Berufungskommission ist also endgültig.

§ 76.

Für die Feststellung der nach dem Maßstabe der Besteuerung geregelten Wahl-, Stimm- und sonstigen Berechtigungen in den öffentlichen Verbänden (§. 74) treten an die Stelle der bisherigen Klassensteuersätze[1]) die in den §§. 17, 74 vorgesehenen entsprechenden Steuersätze, falls aber die Veranlagung in Gemäßheit des §. 75 nicht stattgefunden hat, die den betreffenden Klassensteuerstufen entsprechenden Einkommensbezüge.

1) Zur Fassung des ersten Absatzes gab bei der Berathung des Gesetzes der Herr Regierungskommissar folgende Erklärung: Die Bestimmung bezwecke, daß für die Feststellung der nach dem Maßstabe der Besteuerung geregelten Wahl- 2c. Berechtigungen

indirekt dasselbe Einkommen, wie bisher, maßgebend bleiben solle, und treffe insbesondere auch für die Fälle Vorsorge, wo zur Zeit ein Klassensteuersatz maßgebend sei, den der neue Tarif nicht kenne; z. B. werde der Satz von 18 Mark gegenwärtig veranlagt auf das Einkommen von 1200—1350 Mark. Diesem Einkommen entspreche nach § 17 des Gesetzes der Steuersatz von 12 Mark, es werde also, sofern jetzt ein Klassensteuersatz von 18 Mark erforderlich sei, an Stelle dieses Satzes der Steuersatz von 12 Mark treten. Auch die weitere Vorschrift, wonach an Stelle der bisherigen Klassensteuersätze, falls eine Veranlagung in Gemäßheit des § 74 nicht stattgefunden hat, die den betreffenden Klassensteuerstufen entsprechenden Einkommensbezüge treten sollen, sei durchaus korrekt. Sei beispielsweise die Ausübung des Gemeindewahlrechts gegenwärtig an den Klassensteuersatz von 6 Mark geknüpft, so entspreche dem ein Einkommen von 660—900 Mark; finde nun künftig in dem betreffenden Orte eine Steuerveranlagung nach Maßgabe des § 74 nicht statt, so sei für die Ausübung des Gemeindewahlrechts der Bezug eines Einkommens von mehr als 660 Mark erforderlich und der Kreis der hiernach Wahlberechtigten in geeigneter Weise durch Schätzung der Einkommen festzustellen. An Stelle des bisherigen Klassensteuersatzes trete also in der That der entsprechende Einkommensbezug. (Komm.Ber. d. H. d. Abg. v. 2. Febr. 1891 S. 61.)

§ 77.[1])

Soweit nach den bestehenden Bestimmungen in Stadt- und Landgemeinden das Bürgerrecht beziehungsweise das Stimm- und Wahlrecht in Gemeindeangelegenheiten an die Bedingung eines jährlichen Klassensteuerbetrages von 6 Mark geknüpft ist, tritt bis zur anderweitigen gesetzlichen Regelung des Gemeindewahlrechts an die Stelle des genannten Satzes der Steuersatz von 4 Mark beziehungsweise ein Einkommen von mehr als 660 Mark bis 900 Mark.

In denjenigen Landestheilen, in welchen für die Gemeindevertreterwahlen die Wähler nach Maßgabe der von ihnen zu entrichtenden direkten Steuern in Abtheilungen getheilt werden, tritt an Stelle eines 6 Mark Einkommensteuer übersteigenden Steuersatzes, an welchen durch Ortsstatut das Wahlrecht geknüpft wird, der Steuersatz von 6 Mark.

Wo solche Ortsstatuten nach bestehenden Kommunalordnungen zulässig sind, kann das Wahlrecht von einem niedrigeren Steuersatze beziehungsweise von einem Einkommen bis 900 Mark abhängig gemacht werden. Eine Erhöhung ist nicht zulässig.

1) Zu vgl. Gesetz, betr. Aenderung des Wahlverfahrens v. 29. Juni 1893 (GS. S. 103).

X. Schlußbestimmungen.

§ 78.

Die in diesem Gesetze den Regierungen zugewiesenen Befugnisse und Obliegenheiten werden für die Haupt- und Residenzstadt Berlin von der Direktion[1]) für die Verwaltung der direkten Steuern in Berlin wahrgenommen.

1) Siehe § 45 des Ges. v. 30. Juli 1883 (GS. S. 195).

§ 79.

Die in diesem Gesetze bestimmten Ausschlußfristen sowie die Frist zur Einreichung der Steuererklärungen werden für die in außereuropäischen Ländern und Gewässern Abwesenden auf sechs Monate, für andere außerhalb des Deutschen Reiches Abwesende auf sechs Wochen, für die übrigen Abwesenden auf drei Wochen verlängert.

§ 80.

Steuerpflichtige, welche, entgegen den Vorschriften dieses Gesetzes, bei der Veranlagung übergangen, oder steuerfrei oder zu einer ihrem wirklichen Einkommen nicht entsprechenden niedrigeren Steuerstufe veranlagt worden sind, ohne daß eine strafbare Hinterziehung der Steuer stattgefunden hätte (§§. 66, 67) sind zur Entrichtung des der Staatskasse entzogenen Betrages verpflichtet.[1] [2] [3] [4] Die Verpflichtung erstreckt sich auf die drei Steuerjahre zurück, welche dem Steuerjahr, in welchem die Verkürzung festgestellt worden, vorausgegangen sind.

Die Verpflichtung zur Zahlung der Nachsteuer geht auf die Erben, jedoch nur bis zur Höhe ihres Erbtheils, über.

Die Veranlagung der Nachsteuer erfolgt einheitlich für den ganzen Zeitraum, auf welchen sich die Verpflichtung erstreckt, nach den Vorschriften dieses Gesetzes.

1) Der § 80 bezweckt nach den Motiven zum Gesetz eine Aenderung des nach § 6 des Ges. v. 18. Juni 1840 (GS. S. 140) bestehenden Rechts. Wenn nicht eine Zuwiderhandlung gegen die Steuergesetze von Seiten des Pflichtigen vorliegt, sind gemäß § 6 a. a. O. Nachforderungen an Klassen- und Einkommensteuer im Falle der gänzlichen Uebergehung nur für das laufende Rechnungsjahr, im Falle des zu geringen Ansatzes überhaupt nicht zulässig. Eine solche Einschränkung des Rechtes auf Nachforderungen führt zu Verkürzungen der Staatskasse und entbehrt der Begründung namentlich in denjenigen Fällen, in welchen die Steuerpflicht gar nicht, oder erst so spät zur Kenntniß der Steuerbehörde gelangt, daß eine vorschrifts-

mäßige Veranlagung innerhalb des Rechnungsjahres nicht mehr ausführbar ist. Diesen Uebelstand beseitigt § 80 des Ges. und regelt zugleich das Verfahren für die Veranlagung der Nachsteuer.

2) Zu vgl. Art. 85 d. A.

3) Wenn ein Beamter vom 1. April ab eine Gehaltserhöhung erfährt und von derselben erst im Laufe des neuen Steuerjahres Nachricht empfängt, so sind die Voraussetzungen des Art. 85 Nr. 2 Abs. 3 bezw. 4 d. A. v. 5. Aug. 1891 nicht gegeben, und es ist eine nachträgliche Erhöhung der schon veranlagten Steuer mithin unstatthaft. FME. v. 19. Jan. 1893. Mitth. H. 26 S. 29.

4) Eine die Nachsteuer ausschließende Rechtskraft der Veranlagung — abgesehen von der Verjährung der Steuerpflicht — besteht dem Staate gegenüber nicht; steht objektiv fest, daß die Veranlagung zu einer zu niedrigen Stufe stattgefunden hat, so ist das Recht der Nachforderung der Steuer auch dann nicht verloren, wenn eine Berichtigung der Steuerfestsetzung im Rechtsmittelwege zu erreichen war, aber nicht versucht ist. Entsch. d. OVG. v. 28. Okt. 1893, Entsch. i. St. Bd. II S. 280. Siehe jedoch Art. 85 Ziffer 2 Abs. 3—5 d. A.

§ 81.

Soweit das gegenwärtige Gesetz abweichende Bestimmungen nicht enthält, finden die Vorschriften des Gesetzes über die Verjährungsfristen bei öffentlichen Abgaben vom 18. Juni 1840 (Gesetz-Samml. S. 140) auf die Einkommensteuer Anwendung.

§ 82.[1])

Uebersteigt die Einnahme an Einkommensteuer für das Jahr 1892/93 den Betrag von 80 000 000 Mark und für die folgenden Jahre einen um je 4 Prozent erhöhten Betrag, so werden die Ueberschüsse nach Maßgabe eines zu erlassenden besonderen Gesetzes zur Durchführung der

Beseitigung der Grund- und Gebäudesteuer als Staatssteuer, beziehungsweise der Ueberweisung derselben an kommunale Verbände verwandt.

1) Außer Kraft getreten, siehe § 49 des Ergänzungssteuerges. v. 14. Juli 1893 (GS. S. 194). Dieser lautet:

§ 49. Uebersteigt die Einnahme an Einkommensteuer für das Jahr 1892/93 den Betrag von 80 000 000 Mark, und für die folgenden Jahre einen um je 4 % erhöhten Betrag, so sind die Ueberschüsse und deren Zinsen bis zum Etatsjahre 1894/95 einschließlich zu einem besonderen, von dem Finanzminister zu verwaltenden Fonds abzuführen, soweit darüber nicht durch Gesetz anderweit Verfügung getroffen ist.

Soweit die mit $3^1/_2$% zu berechnenden Zinsen dieses Fonds nach dem Bestande vom 1. April 1895 zu dem im § 48 Absatz 3 dieses Gesetzes bezeichneten Zwecke keine Verwendung finden, ist über dieselben zu Beihülfen für Volksschulbauten oder zu anderweiten Beihülfen an unvermögende Schulverbände durch den Staatshaushaltsetat Bestimmung zu treffen.

Der Fonds selbst ist am 1. April 1895 zu den allgemeinen Staatsfonds zu vereinnahmen.

Die §§ 82—84 des Einkommensteuergesetzes treten mit der Verkündigung dieses Gesetzes außer Kraft.

§ 83.[1])

Bis zum Erlasse des im §. 82 erwähnten Gesetzes, jedoch längstens bis zum Etatsjahre 1893/94 einschließlich, sind die Ueberschüsse zu einem besonderen von dem Finanzminister zu verwaltenden Fonds abzuführen, welcher einschließlich seiner Zinsen nach Maßgabe des §. 82 zu verwenden ist.

1) Außer Kraft getreten, siehe § 49 des Ergänzungssteuerges. v. 14. Juli 1893 (GS. S. 134).

§ 84.[1])

Ist das im §. 82 vorgesehene Gesetz nicht bis zum 1. April 1894 ergangen, so sind die daselbst bezeichneten Ueberschüsse einschließlich des bis dahin etwa aufgesammelten Fonds nach Maßgabe der folgenden Bestimmungen zum Erlaß eines entsprechenden Betrages an Einkommmensteuer zu verwenden:

I. Der zum Erlaß zu verwendende Betrag wird durch den Staatshaushalts-Etat festgestellt.

II. Der Erlaß findet in gleichen Monatsraten aller Steuerstufen statt. Insoweit der verfügbare Erlaßbetrag zur Deckung des Ausfalles einer vollen oder einer weiteren vollen Monatsrate der sämmtlichen Steuerstufen der für das betreffende Jahr veranlagten Einkommensteuer nicht zureicht, ist der etwa verbleibende Ueberschuß des Erlaßbetrages zum Erlaß beziehungsweise zum ferneren Erlaß einer Monatsrate derjenigen Steuerstufen, von unten beginnend, zu verwenden, für welche derselbe ausreicht.

Der etwaige Rest des Erlaßbetrages ist demjenigen des nächsten Jahres zuzusetzen.

III. Die Feststellung der Verwendung erfolgt durch den Finanzminister, sobald die Veranlagung für dasselbe Jahr vollzogen ist. Das Ergebniß der Feststellung ist zu veröffentlichen.

IV. Der durch den Erlaß einer Monatsrate der Einkommensteuer oder einzelner Stufen derselben (Nr. II) entstehende Ausfall wird auf ein Zwölftel des aus der jährlichen Veranlagung sich ergebenden Jahressteuerbetrages unter Abzug von drei Prozent für die im Laufe des Jahres entstehenden Abzüge und Ausfälle bestimmt.

V. Die für die örtliche Erhebung und für die Veranlagung der Einkommensteuer den Gemeinden bewilligten Gebühren (§. 73) sind auch von den unerhoben bleibenden Monatsraten der Einkommensteuer, und zwar von dem nach der Bestimmung unter IV zu berechnenden Betrage derselben aus der Staatskasse zu gewähren.

1) Außer Kraft getreten, siehe § 49 des Ergänzungssteuerges. v. 14. Juli 1893 (GS. S. 194).

§ 85.

Der Finanzminister wird mit der Ausführung dieses Gesetzes beauftragt.

Dasselbe kommt zunächst bei der Veranlagung für das Jahr 1892/93 zur Anwendung, jedoch nur gleichzeitig mit dem Gesetze, betreffend die Aenderung des Wahlverfahrens.

Kommunalverbände, welche für das Jahr 1892/93 nach Maßgabe der neuen Veranlagung die bestehenden Zuschläge zur Staatseinkommensteuer herabsetzen, bedürfen hierzu keiner Genehmigung der Aufsichtsbehörden.

Mit dieser Maßgabe und vorbehaltlich der Anwendung auf frühere Fälle treten die auf die Einrichtung und Veranlagung der Klassen- und klassifizirten Einkommensteuer bezüglichen Vorschriften, insbesondere

das Gesetz vom 1. Mai 1851 (Gesetz-Samml. S. 193),
das Gesetz vom 25. Mai 1873 (Gesetz-Samml. S. 213),
das Gesetz vom 2. Januar 1874 (Gesetz-Samml. S. 9),
das Gesetz vom 16. Juni 1875 (Gesetz-Samml. S. 234),
§. 9 Nr. 1 und §. 9 Absatz 3 des Gesetzes vom 23. Juni 1876 (Gesetz-Samml. S. 169),
Artikel III und IV des Gesetzes vom 12. März 1877 (Gesetz-Samml. S. 19),

am 1. April 1892 außer Kraft.

Urkundlich unter Unserer Höchsteigenhändigen Unterschrift und beigedrucktem Königlichen Insiegel.

Gegeben Neues Palais zu Potsdam, den 24. Juni 1891.

(L. S.) **Wilhelm.**

v. Caprivi. v. Boetticher. Herrfurth. v. Schelling. Frhr. v. Berlepsch. Miquel. v. Kaltenborn. v. Heyden. Gr. v. Zedlitz.

Steuertarif.

Steuer-Stufe	Einkommen von mehr als Mk.	Einkommen bis einschließlich Mk.	Jährlicher Steuer-Satz Mk.	Steuer-Stufe	Einkommen von mehr als Mk.	Einkommen bis einschließlich Mk.	Jährlicher Steuer-Satz Mk.
1	900	1 050	6	25	9 000	9 500	276
2	1 050	1 200	9	26	9 500	10 500	300
3	1 200	1 350	12	27	10 500	11 500	330
4	1 350	1 500	16	28	11 500	12 500	360
5	1 500	1 650	21	29	12 500	13 500	390
6	1 650	1 800	26	30	13 500	14 500	420
7	1 800	2 100	31	31	14 500	15 500	450
8	2 100	2 400	36	32	15 500	16 500	480
9	2 400	2 700	44	33	16 500	17 500	510
10	2 700	3 000	52	34	17 500	18 500	540
11	3 000	3 300	60	35	18 500	19 500	570
12	3 300	3 600	70	36	19 500	20 500	600
13	3 600	3 900	80	37	20 500	21 500	630
14	3 900	4 200	92	38	21 500	22 500	660
15	4 200	4 500	104	39	22 500	23 500	690
16	4 500	5 000	118	40	23 500	24 500	720
17	5 000	5 500	132	41	24 500	25 500	750
18	5 500	6 000	146	42	25 500	26 500	780
19	6 000	6 500	160	43	26 500	27 500	810
20	6 500	7 000	176	44	27 500	28 500	840
21	7 000	7 500	192	45	28 500	29 500	870
22	7 500	8 000	212	46	29 500	30 500	900
23	8 000	8 500	232	47	30 500	32 000	960
24	8 500	9 000	252	48	32 000	34 000	1040

Steuertarif.

Steuer-Stufe	Einkommen von mehr als Mk.	Einkommen bis einschließlich Mk.	Jährlicher Steuer-Satz Mk.	Steuer-Stufe	Einkommen von mehr als Mk.	Einkommen bis einschließlich Mk.	Jährlicher Steuer-Satz Mk.
49	34 000	36 000	1120	73	82 000	84 000	3100
50	36 000	38 000	1200	74	84 000	86 000	3200
51	38 000	40 000	1280	75	86 000	88 000	3300
52	40 000	42 000	1360	76	88 000	90 000	3400
53	42 000	44 000	1440	77	90 000	92 000	3500
54	44 000	46 000	1520	78	92 000	94 000	3600
55	46 000	48 000	1600	79	94 000	96 000	3700
56	48 000	50 000	1680	80	96 000	98 000	3800
57	50 000	52 000	1760	81	98 000	100 000	3900
58	52 000	54 000	1840	82	100 000	105 000	4000
59	54 000	56 000	1920	83	105 000	110 000	4200
60	56 000	58 000	2000	84	110 000	115 000	4400
61	58 000	60 000	2080	85	115 000	120 000	4600
62	60 000	62 000	2160	86	120 000	125 000	4800
63	62 000	64 000	2240	87	125 000	130 000	5000
64	64 000	66 000	2320	88	130 000	135 000	5200
65	66 000	68 000	2400	89	135 000	140 000	5400
66	68 000	70 000	2480	90	140 000	145 000	5600
67	70 000	72 000	2560	91	145 000	150 000	5800
68	72 000	74 000	2640	92	150 000	155 000	6000
69	74 000	76 000	2720	93	155 000	160 000	6200
70	76 000	78 000	2800	94	160 000	165 000	6400
71	78 000	80 000	2900	u. s. w. in Stufen von je 5000 M. um je 200 M.			
72	80 000	82 000	3000				

Sachregister.

Die Zahlen bedeuten die Seiten, die in Klammern stehenden Zahlen weisen auf die betreffenden Anmerkungen hin.

A.

B.

C.

D.

E.

F.

G.

H.

J.

K.

L.

M.

N.

O.

P.

R.

S.

T.

U.

V.

W.

Z.

Druck von Dobrzynski & Walter, Berlin S.

J. Guttentag, Verlagsbuchhandlung in Berlin SW. 48.
Wilhelmstraße 119/120.

Die

Konzessionirung gewerbl. Anlagen in Preußen.

Sammlung
aller darauf bezüglichen Reichs- und Preußischen Gesetze und Ausführungs-Bestimmungen, Ministerial-Verordnungen und technischen Anleitungen
nebst
Beispielen zu Konzessions-Gesuchen und Konzessions-Urkunden.

Von
Dr. v. Rüdiger,
Königlich Preußischer Gewerberath.

Preis 6 Mk., gebunden 6 Mk. 50 Pf.

Zu beziehen durch jede Buchhandlung, sowie direkt durch den Verlag von J. Guttentag in Berlin SW. 48.

FSC
www.fsc.org
MIX
Papier | Fördert
gute Waldnutzung
FSC® C083411

Kolibri 360 GmbH
Ferdinand-Jühlke-Straße 7
99095 Erfurt, Deutschland
produktsicherheit@kolibri360.de